¿DICE LA BIBLIA REALMENTE ESO?

IDEAS PRÁCTICAS

PARA EL CRECIMIENTO

ESPIRITUAL

EVERETT LEADINGHAM

Título original en inglés: Does the Bible Really Say That? – Leader´s Guide
Edited by Everett Leadingham, Copyright © 2004
Published by WordAction Publishing company, A Division of Nazarene Publishing House,
Kansas City, Missouri 64109 USA.

Esta edición se publica con permiso de Nazarene Publishing House
Copyright © 2010 Todos los derechos reservados

cnp

Publicado por Casa Nazarena de Publicaciones 17001 Praire Star Parkway Lenexa, KS 66220 EUA.
www.editorialcnp.com • informacion@editorialcnp.com

Traductor: Eduardo Aparicio
Diseño de portada: Marcela Figueroa y Jerson Chupina
Diseño de páginas interiores: Jerson Chupina

Categoría: Estudio bíblico
ISBN 978-1-56344-569-9

¿Dice la Biblia realmente eso?

Contenido

Sugerencias para enseñar este curso

Hojee el libro

Dé una mirada al libro del alumno y a esta guía para el líder. Lea los títulos de los capítulos y el propósito de cada lección. Busque citas o actividades que le llamen la atención. Trate de tener una idea general del estudio.

Esto le ayudará porque:

1. Podrá mantenerse en la lección que deben estudiar, en vez de pasar a un tema que verán más tarde.
2. Al tener esta información en su mente, estará atento a noticias, recursos para la enseñanza y otros datos que podría incluir en las lecciones para hacerlas más pertinentes e interesantes.
3. Al hojear la guía para el líder podrá decidir de antemano cuándo invitar a la clase a un especialista en un tema u otros invitados especiales.

Plan de clase

Cada capítulo de esta guía para el líder está llena de sugerencias para conducir cada clase. La mayoría son preguntas para estimular el diálogo acerca del tema y algunas, opcionales, para motivar el debate.

El tiempo total de cada lección es de 45 minutos. En cada lección siempre encontrará cuatro secciones principales, cada una con un tiempo sugerido para invertir en ella.

La "introducción" siempre será pertinente al tema de la lección. En la sección "Reflexionando sobre la vida" se sugieren preguntas para estimular a los participantes a considerar cómo el tema de la lección impacta sus vidas. La sección "Abramos la Palabra" es la parte del estudio de la Biblia. Finalmente, la "conclusión" le dará la oportunidad a los participantes a aplicar la verdad descubierta a sus vidas.

Use lo que tenga

A lo largo de las lecciones, usted debe presentar el material a los participantes o registrar las respuestas del grupo. Para ello, debe considerar algún material de trabajo para que todos los participantes puedan ver lo que escribe. Estos materiales pueden ser una computadora personal y un proyector para proyectar en una pantalla o pared, un proyector de diapositivas, un retroproyector para mostrar transparencias, un pizarrón u hojas de papel en un caballete o pegadas en la pared. Depende de las disponibilidades en su iglesia local.

Tratar de enumerar todas las posibilidades es imposible. Por lo que le rogamos que use todo lo que de acuerdo con sus disponibilidades esté a su alcance.

Comience bien

Prepare todo con anticipación. Tenga listos sus materiales antes de empezar la clase: Pizarra, papel, lápices, Biblias, grabadora, extensiones eléctricas, etc. Esté listo para empezar antes que llegue el primer alumno o alumna.

Empiece a tiempo. Si no lo hace, especialmente en la primera clase, tendrá problemas. La primera clase establece la norma para el resto del curso. Si los alumnos y alumnas saben que empezará tarde, muchos llegarán tarde. Y, a los puntuales, les hará perder su tiempo.

Si el grupo es nuevo, en esta primera clase usted necesitará cada minuto porque el grupo tendrá que conocerse.

Principie con oración. Así invitará al Espíritu Santo a dirigir la clase. También le indicará al grupo el punto de inicio, el momento para dejar de conversar y concentrarse en el estudio.

Haga participar a todos

Las actividades sugeridas en esta guía le ayudarán a lograr que participe todo el grupo. Esta metodología educativa se llama "aprendizaje mediante el descubrimiento", porque los alumnos y alumnas descubren las verdades por sí mismos, en vez de escucharlas mientras otro presenta una conferencia. Recuerde lo siguiente:

1. Las personas se interesan más cuando participan que cuando son sólo espectadores.
2. Recordarán más lo que discutan y hagan juntos en el grupo que lo que usted les diga en las conferencias.
3. Agradecerán la oportunidad de sugerir conclusiones y aplicaciones prácticas. Y si ayudan a formularlas, es más probable que las lleven a cabo.
4. Generalmente el grupo se sentirá más cómodo y participará más si se sientan en círculo o semicírculo. Al principio quizá algunos se

sientan incómodos, pero pronto se acostumbrarán.

5. Por lo general, es mejor que permanezca sentado mientas enseña, a menos que haya más de 25 personas y tenga que estar de pie para que todos lo vean.

6. Use algún método para que los miembros del grupo se conozcan. Por ejemplo, entregue a cada persona una etiqueta para que escriba su nombre y una o dos palabras que les describa. Durante las primeras sesiones podrían escribir una nueva etiqueta cada vez, agregando nuevas descripciones.

7. Cuando los miembros del grupo tomen parte en una discusión o actividad, apóyelos y anímelos. No los critique. Por ejemplo, si alguien dice algo que usted considera incorrecto, no le diga: "Está equivocado". Más bien pregunte: "¿Alguien tiene una opinión distinta al respecto?"

8. No obligue a nadie a participar, pero asegúrese de que todos sepan que se desea y se aprecia el aporte de cada uno.

9. No permita que una persona domine la sesión. En forma amable puede decir, por ejemplo: "Escuchemos ahora a alguien que aún no haya tenido oportunidad de dar su opinión".

10. Relájese. Haga su trabajo previo, pero no se sienta tenso por la clase. No necesita preocuparse, porque la clase no le pertenece a usted; es del Señor.

Adapte el curso

Este libro se ha preparado como curso optativo para la escuela dominical, con clases de 45 minutos para 13 semanas. Pero usted puede adaptarlo para diferentes usos.

Se puede estudiar en los cultos del domingo por la noche, en reuniones entre semana, en retiros o campamentos. Puede combinar cuatro lecciones cortas y convertir el estudio en un curso de 10 semanas. Puede aun pasar por alto algunos capítulos si desea estudiar seis capítulos durante un seminario de fin de semana.

Siéntase en libertad, no sólo de adaptar el curso a sus necesidades, sino de adaptar cada lección a su grupo. Elimine actividades y preguntas que no sean apropiadas para ellos. Agregue otras que lo sean. Use ilustraciones personales y locales que sean oportunas.

La guía para el líder se creó para usted, y no usted para la guía.

Motive a su clase a leer

El plan de las lecciones se ha diseñado para grupos que leen el libro del alumno antes de ir a la clase. Así que procure despertar interés en el libro: 1) Asignando a los alumnos y alumnas tareas de lectura, 2) leyendo en voz alta secciones breves del siguiente capítulo que capten la atención, y 3) evitando la tentación de dar una conferencia sobre el tema. Si usted les predica a sus alumnos y alumnas, no habrá razón para que lean el libro.

Si sospecha que la mayoría en el grupo no ha leído el capítulo, o que tal vez no podrán hacerlo para la siguiente semana, no es el fin del mundo.

Puede dividir la clase en grupos y nombrar un líder en cada uno. Dé hasta 20 minutos para que lean el material y decidan cuáles son los puntos o preguntas interesantes que desean que el líder presente a la clase cuando se reúnan nuevamente. Dialoguen sobre esos puntos y use material de esta guía según el tiempo que tengan.

Otra idea es dividir el capítulo en secciones y asignar una a cada persona o grupo. Así necesitarán menos tiempo para leer, y usted perderá sólo unos 10 minutos mientras estudian el material como preparación para la discusión y las siguientes actividades.

Una tercer idea es asignar, con anticipación, a uno o más participantes de la clase para que lean el capítulo y presenten un breve informe al grupo.

Cualquiera que sea el método que emplee en la clase, presente al final un resumen, animándolos a aplicar la lección en sus vidas.

Después de todo, si no hacen nada respecto a lo que han aprendido, probablemente no hayan aprendido nada.

Capítulo 1

El pecado contra el Espíritu Santo

Contexto bíblico: Lucas 12:1-12
En esta clase: Aprenderemos y dialogaremos sobre el único pecado que no puede ser perdonado.

Prepárese

1. Repase todas las preguntas sugeridas para esta clase. Mantenga el diálogo dentro del tiempo asignado para cada sección.

2. Si ve que sus alumnos y alumnas no leyeron la lección, antes de desarrollar la sección Abramos la Palabra, prepárese para compartir las enseñanzas principales del capítulo del libro de estudio. Esos puntos importantes, que son para ayudarle a organizar sus comentarios u observaciones, se encuentran en el Resumen del capítulo.

3. Ore por aquellas personas de su grupo que posiblemente tengan problemas para participar en el diálogo de esta lección.

1. Para empezar *(5 minutos)*

Comience la lección pidiendo a sus alumnos y alumnas que respondan las siguientes preguntas:

- ¿Alguna vez hizo algo al punto de creer que la persona ofendida nunca le perdonaría? (No tiene que ser específico).

- ¿Por qué creyó que él o ella nunca le perdonarían?
- ¿Qué es lo que dirían de usted o le harían que le sería difícil perdonar?

Transición: Sabemos que no es saludable guardar rencor; sin embargo, lo hacemos. Veamos por qué algunas actitudes son muy difíciles de aceptar.

2. Reflexión sobre la vida *(10 minutos)*

A. Antes de analizar la primera de nuestras "Palabras difíciles" del Nuevo Testamento, tenemos que tratar con algo que se aplicará a cada discusión que tendremos en las siguientes semanas.

- ¿Cuál es la diferencia entre "difícil de entender" y "difícil de aceptar"?
- ¿Qué es aquello, respecto a la vida, que le ha sido difícil de entender? ¿Por qué?
- ¿Qué es aquello, respecto a la vida, que le ha sido difícil de aceptar? ¿Por qué?

B. Pida a sus alumnos y alumnas que le ayuden a hacer una lista de los cinco "peores" pecados. Anote las respuestas en un cuaderno o en la pizarra. Luego pregunte:

- Si estuviese en el lugar de Dios, ¿para cuál de estos pecados tendría usted el mínimo deseo de perdonar? ¿Por qué?

Transición: Para los seres humanos es común guardar rencor. Sin embargo, como cristianos, no queremos hacer lo que es "común", deseamos ser perdonados. ¿Hay algo que no puede ser perdonado? Veamos.

3. Abramos la Palabra *(20 minutos)*

Resumen del capítulo:

- Aunque los hipócritas piensan que pueden esconder su verdadera personalidad, Dios no puede ser burlado. Él revelará tales secretos escondidos.
- No debemos temer a las personas porque ellas sólo pueden matarnos, pero no pueden enviarnos al infierno. Debemos temer a Satanás quien puede matarnos y enviarnos al infierno.
- Dios tiene cuidado de todo lo que pasa, incluso de los pajarillos, y Él tiene aún más cuidado de nosotros.
- Dios puede y perdonará todo pecado –excepto al que no se arrepiente.

A. Que alguien lea en voz alta Lucas 12:1-12, luego plantee las siguientes preguntas para el estudio del pasaje bíblico.

- Note que la multitud incluía "millares" (v.1). ¿Por qué Jesús habló en forma tan directa a una multitud tan grande? ¿Debería haber estado preocupado por si acaso los ofendía o por su propia seguridad? ¿Sí o no y por qué?
- Usted, ¿piensa que se comporta en forma diferente cuando está en un grupo grande de personas que cuando está entre sus amigos? ¿Sí o no y por qué? Si su respuesta es sí, ¿eso haría de usted un hipócrita?
- Jesús dijo: "Más valéis vosotros que muchos pajarillos" (v.7). ¿Qué opina de esta declaración? ¿Eso le da un nuevo sentido de libertad en su relación con Dios? ¿Por qué?

B. Este pasaje bíblico nos da algunas ideas acerca de lo que podría significar la palabra "blasfemia". Tal vez tiene que ver con la hipocresía de los fariseos –decían que buscaban la santidad de Dios pero las vidas de ellos mostraban todo lo contrario (v.1). Blasfemia podría ser el intento de ocultar la verdad (vv.2-3). O tiene que ver con la atribución de mucha autoridad y atención a las personas y a las cosas, más que a Dios (vv.4-5). Blasfemia sería el rechazo al cuidado y amor de Dios (vv.6-7), o indicaría ese acto de negar a Cristo (vv.8-12).

- ¿Cómo definiría el concepto de blasfemia contra el Espíritu Santo?
- Puesto que Jesús y el Espíritu Santo son parte de la eterna deidad, ¿por qué el decir algo contra Jesús puede ser perdonado pero no la blasfemia contra el Espíritu Santo? (Este es un concepto difícil. La frase el "Hijo del hombre" podría referirse al lado humano de Jesús como opuesto a su divinidad. En ese caso, Jesús estaría diciendo que una palabra contra Jesús, el hombre, tal como una palabra contra cualquier persona, podría ser perdonada. Pero una palabra contra la verdad de Dios, ya sea en forma del Espíritu Santo o del Hijo, lleva peligrosamente a esa persona dentro de la esfera de un ser no arrepentido y de esa forma no puede ser perdonada).
- ¿Cuál sería la razón para que esta clase de pecado no pueda ser perdonada? (Si alguien a propósito pone lo malo en lugar de lo bueno, esa es una persona que ha perdido el deseo y la voluntad de arrepentirse. De esa manera es negado el perdón de Dios por

elección de la persona, no porque Dios lo haya escogido).

- ¿La mayoría de los cristianos deberían estar preocupados por si cometieron el pecado imperdonable? (La presencia de esa preocupación es prueba que no lo hicieron. Sólo aquellos que siguen adelante sin que les preocupe este tema están en peligro de cometerlo).

Transición: Es difícil imaginar que alguien que desea ser un cristiano lleno del Espíritu Santo, intencionalmente pecara contra el Espíritu Santo. Sin embargo, algunas personas están todo el tiempo preocupadas acerca de este pecado imperdonable. ¿Qué podemos hacer al respecto?

4. Conclusión *(10 minutos)*

A. En el pasaje bíblico estudiado en esta lección Jesús dijo: "Porque nada hay encubierto, que no haya de descubrirse; ni oculto, que no haya de saberse" (v.2).

- ¿Qué es lo que siente cuando lee este versículo? ¿Por qué?
- ¿Siente que usted ha estado resistiendo la verdad del Espíritu de Dios en algún área de su vida?
- ¿Siente que poco a poco usted se ha estado alejando de la voz de Dios?

B. En base a lo estudiado en esta lección, pregunte:

- ¿Qué le diría a una persona que se ha sentido lejos de Dios sin la esperanza de sentir su presencia o su perdón?

- ¿Qué es lo que debemos hacer (individualmente o como grupo) para estar seguros que ninguno de nosotros nunca cometimos el "pecado imperdonable"?

C. Comparta con la clase la sección Verdad para recordar del capítulo 1 del libro:

Mientras creamos que nadie está fuera de la poderosa gracia redentora de Dios, es posible que llegue el momento en que nosotros mismos, por negar o darle la espalda, quedemos fuera de la esfera de su poder salvador.

Luego, para terminar, que los alumnos y alumnas lean antifonalmente Efesios 3:14-19.

Para la próxima clase

En la próxima lección, estudiaremos el tema "aborrecer a nuestra familia". Motive a sus alumnos y alumnas para que lean el capítulo 2 del libro.

Capítulo 2

Aborrecer a nuestra familia

Contexto bíblico: Lucas 14:25-35

En esta clase: Veremos los resultados que tienen los lazos familiares en nuestra relación con Dios.

Prepárese

1. Repase todas las preguntas sugeridas para esta clase. Mantenga el diálogo dentro del tiempo asignado para cada sección.

2. Si sus alumnos y alumnas no leyeron la lección, antes de desarrollar la sección Abramos la Palabra, prepárese para compartir las enseñanzas principales del capítulo del libro de estudio. Esos puntos importantes, que son para ayudarle a organizar sus comentarios u observaciones, se encuentran en el Resumen del capítulo.

3. Ore por aquellos alumnos y alumnas que posiblemente tengan problemas con los desafíos del discipulado que serán estudiados en esta lección.

1. Para empezar *(5 minutos)*

Comience la lección pidiendo a sus alumnos y alumnas que respondan a las siguientes preguntas:

• Cuando usted estaba creciendo, ¿a cuál miembro de su familia se sentía más cercano? ¿Por qué?

- Hoy, ¿cuál es el miembro de la familia a quien usted se siente más cercano? ¿Por qué?
- ¿De cuál miembro de la familia sintió más su muerte?
- Si en una frase podría decir algo a su padre o madre, ¿qué diría?

Transición: Es importante el tipo de relación que tenemos con nuestras familias a medida que vamos creciendo. ¿Cómo afectan las relaciones nuestro estilo de vida cuando salimos del hogar de nuestros padres? Vamos a discutir esto.

2. Reflexión sobre la vida *(10 minutos)*

A. Pida a sus alumnos y alumnas que compartan sus experiencias cuando "dejaron la casa" de sus padres por primera vez.
- ¿Cuáles fueron las circunstancias que le llevaron a dejar el hogar de su niñez?
- ¿Qué es lo que usted recuerda cuando se despidió de su familia?
- ¿Qué le dijo su familia cuando usted dejó la casa?

B. En base a estas preguntas, dialoguen las actitudes de las familias en general:
- Generalmente, ¿qué es lo que dicen o hacen las personas cuando un miembro de la familia planea ausentarse de la casa por mucho tiempo?
- ¿Cuáles palabras o actitudes que usted mencionó son buenas para las relaciones familiares y cuáles parece que les hacen daño?
- ¿Cuáles aspectos de las relaciones familiares generalmente obstaculizan a las personas para que estén totalmente dedicadas a Dios?

Transición: Nos incomoda la idea de rechazar a nuestras familias para seguir a Jesucristo.
¿Es eso realmente lo que Jesús estaba abogando
cuando usó la palabra "aborrecer"?

3. Abramos la Palabra *(20 minutos)*

Resumen del capítulo:

* La mayoría de los que comentan este pasaje de la Biblia, ven en las palabras de Jesús
"aborrecer a nuestra familia" una vívida hi-
pérbole que tenía el propósito de llamar la
atención de los que escuchaban (y de los lec-
tores más tarde) sus enseñanzas.
* Ya sea que la palabra sea "aborrecer", "ignorar" o "amar más que a", el mensaje es el
mismo. Jesús pide que seamos más leales a
Él que a nuestros seres queridos aquí en la
tierra.
* Jesús nos está llamando a un nivel de devoción que esté sobre todas las lealtades que
hay en nuestra vida.
* Jesús llama a sus seguidores para que sean
miembros de una nueva familia. "Los únicos
familiares de un cristiano, son los creyentes
en Cristo".

A. Que alguien lea en voz alta Lucas 14:25-27.
Luego invite a sus alumnos y alumnas para que par-
ticipen respondiendo a las siguientes preguntas:

* ¿Cómo define Cristo el concepto "familia"?
(Vea su lista en el versículo 26).
* ¿Usted definiría de la misma manera el concepto "familia"? Si no, ¿cuál sería la diferencia en su definición?

• Basado en su experiencia, ¿qué son aquellas cosas que las personas "aborrecen" de sus familias?

• ¿En cuáles otras palabras piensa cuando escucha la palabra "aborrecer"?

• ¿Cree que la palabra "aborrecer" tiene para Jesús el mismo significado que lo tiene para usted? (La palabra griega que usa Lucas en este versículo y lo traducen como "aborrecer", significa "despreciar". Compare con Mateo 10:37).

B. Que alguien lea en voz alta Lucas 14:28-35. Luego que sus alumnos y alumnas respondan a las siguientes preguntas:

• Con estas dos analogías, la construcción de una torre e ir a la guerra, ¿qué es lo que Jesús quiere enseñar acerca del discipulado? (En realidad, Él está diciendo que deberíamos estar conscientes de lo que nos costaría recorrer todo el camino con Él, para terminar el viaje que comenzamos).

• ¿Cuál aspecto del discipulado hace hincapié la declaración acerca de la sal? (Si perdemos nuestra pasión por el ministerio de Dios, es porque estamos siendo distraídos por otras lealtades. En consecuencia no seremos el tipo de cristianos que Dios quiere que seamos).

Transición: Mateo registró las palabras de Jesús desde un punto de vista positivo: "El que ama a padre o madre más que a mí, no es digno de mí; el que ama a hijo o hija más que a mí, no es digno de mí" (10:37). Ya sea que prefiramos las palabras de Lucas o de Mateo, aún debemos decidir qué es lo que nos tocará hacer para estar plenamente dedicados a Dios.

4. Conclusión *(10 minutos)*

A. Dé a sus alumnos y alumnas la oportunidad para que reflexionen en las enseñanzas de esta lección respondiendo a las siguientes preguntas:

- ¿A cuáles tres aspectos, en relación con su familia, será necesario tener menos cariño para amar más a Dios?
- ¿En qué forma usted "dejaría" (o ya dejó) a su familia por la causa del evangelio?

B. Comparta con los alumnos y alumnas esta Verdad para recordar: Los creyentes son llamados a tener un nivel de devoción a Jesucristo tan alto, que todas las demás lealtades no tienen comparación.

Termine la clase orando.

Para la próxima clase

En la próxima clase estudiaremos lo que dijo el "Príncipe de paz: "No he venido para traer paz, sino espada" (Mateo 10:34). Para que estén preparados para la discusión en clase que lean el capítulo 3 del libro.

Capítulo 3

No paz, sino espada

Contexto bíblico: Mateo 10:17-36.
En esta clase: Examinaremos y reconciliaremos lo que parece contradictorio en Cristo.

Prepárese

1. Si elige trabajar en la opción 1A, necesitará encontrar los objetos para llevarlos a la clase.
2. Para facilitar el trabajo de los cuatro voluntarios en la opción 3A, tal vez quiera escribir, en hojas de papel, cada una de las cuatro referencias bíblicas.
3. Si desea que toda la clase lea al unísono, necesitará escribir en la pizarra o en un cartel, la cita de Juan Wesley en 4C.

1. Para empezar *(5 minutos)*

A. Comience la lección pidiendo a sus alumnos y alumnas que mencionen tantos símbolos posibles para lo siguiente:

- Cuando piensa en conflicto, ¿cuáles símbolos vienen a su mente? (Posibles respuestas: Espadas, cuchillos o armas de fuego; argumentos; ceños fruncidos, etc.).
- ¿Cuáles símbolos le hacen pensar en la paz? (Posiblemente una paloma; el abrazo de una madre; una frazada o colcha suave que abriga, etc.).

(Opción) Traiga a la clase todo tipo de objetos y fotografías (como un cuchillo, una fotografía en la playa, piedras, una frazada o colcha, una moneda, etc.). Mientras muestra a sus alumnos y alumnas cada uno de los objetos, que digan si el objeto o fotografía les hace pensar en paz o conflicto.

NOTAS DEL LÍDER

B. Pida que sus alumnos y alumnas definan los conceptos de paz o conflicto respondiendo a las siguientes preguntas:
- ¿Es la paz la ausencia de conflicto? ¿Por qué?
- ¿Es el conflicto un ingrediente necesario en la vida? ¿Por qué?

Transición: Son raras las personas que preferirían el conflicto en lugar de la paz. Sin embargo, parece que tenemos tensiones y desacuerdos en cada área de nuestra vida. ¿Cuál sería la causa para toda esta confusión?

2. Reflexión sobre la vida *(10 minutos)*

A. Antes de pedir a los alumnos y alumnas que respondan las siguientes preguntas, acláreles que no necesitan compartir detalles personales.
- ¿Alguna vez hubo división en su familia por causa de un problema grande?
- ¿Fue resuelto el conflicto? Si la respuesta es sí, ¿cómo? Y si la respuesta es no, ¿por qué?

B. Invite a sus alumnos y alumnas para que respondan las siguientes preguntas:
- ¿Qué es lo que causa división en las familias?
- Esos mismos problemas son los que causan conflictos…

  … ¿entre amigos?

... ¿entre extraños?
... ¿entre cristianos?
... ¿entre países?

C. Pregunte:
• ¿El conflicto es saludable o dañino?

Entonces, que sus alumnos y alumnas den un ejemplo de conflicto que es dañino y otro que es saludable o beneficioso.

Transición: Si vemos que algunos conflictos son para beneficio, estamos en el camino correcto para comprender lo que el Príncipe de Paz quiso decir con esta declaración tan controversial: "No vine para traer paz, sino espada".

3. Abramos la Palabra *(20 minutos)*

Resumen del capítulo:
• Jesús sabía que los que le escuchaban estaban familiarizados con los desfiles militares romanos; por tanto, intencionalmente entró en Jerusalén montado sobre un símbolo de paz, un asno.
• Sin embargo, Jesucristo sabía que sus enseñanzas dividirían a las familias judías y enojarían a los líderes religiosos.
• Jesucristo nunca abogó por la violencia. Él siempre enseñó la paz. Lo que causó conflicto es la tensión entre sus caminos y los caminos de este mundo.
• Así como Jesús advirtió que sus discípulos iban a tener conflictos, los cristianos también debemos esperar que haya tensión entre nuestras creencias y las acciones de este mundo.

• Cristo trae a este mundo la paz de acuerdo a su voluntad, no de acuerdo a lo que el mundo espera. Es una paz que el mundo no puede dar, pero tampoco puede quitar.

A. Pida a cuatro personas de la clase que lean en voz alta uno de los siguientes pasajes bíblicos.

• Isaías 9:6
• Lucas 2:14
• Juan 14:27
• Juan 20:19

Luego, pida a varios alumnos y alumnas que respondan la siguiente pregunta:

• A la luz de los pasajes bíblicos que hemos leído, ¿cuál es su reacción ante la siguiente declaración: "No penséis que he venido para traer paz a la tierra; no he venido para traer paz, sino espada"? (Mateo 10:34).

B. Que alguien lea Mateo 10:17-36. Luego, que toda la clase responda a cada una de las siguientes preguntas. (Si no tienen tiempo para responder todas las preguntas, elija dos o tres preguntas que en su opinión son de mayor interés para sus alumnos y alumnas).

• Los que no son cristianos, generalmente ven a las personas que van a la iglesia como "gente amigable". A la luz de Mateo 10:34, ¿cree que es un cumplido o insulto? ¿Por qué?

• Si nuestro mensaje y nuestra vida no inquieta a las personas ni un poco –ni los enojan– de acuerdo con el versículo 35, ¿qué dice eso de nosotros como cristianos?

• Una de las bienaventuranzas dice: "Bienaventurados los pacificadores, porque ellos serán llamados hijos de Dios" (Mateo 5:9). ¿Cómo encaja esta descripción con Mateo 10:34?

- En su opinión, ¿es el cristianismo fundamentalmente pasivo o agresivo en su naturaleza y misión? ¿Por qué?
- ¿Cuál es la forma en que los cristianos son perseguidos hoy?
- ¿Cómo tiene paz interna un cristiano aun cuando la paz externa no puede ser alcanzada? Sea específico.

C. Pida que varios de sus alumnos y alumnas respondan las siguientes preguntas:
- ¿Cómo, Mateo 10:34, podría ser aplicado en forma incorrecta?
- ¿Ha visto que este versículo es usado indebidamente?

Transición: Si algunos creen que seguir a Cristo sólo les traerá problemas, posiblemente estén tentados para negar su fe en Él. Sin embargo, cuando comprendamos exactamente lo que significa comprometer nuestra vida con Cristo, le seguiremos con gozo.

4. Conclusión *(10 minutos)*

A. Para terminar el estudio de nuestra lección, pida que varios de los alumnos y alumnas respondan a las siguientes preguntas:
- Para usted, ¿cuál es el concepto que describe mejor el reino de Dios: Paz o espada?
- ¿Cuáles otras imágenes bíblicas le hablan del reino de Dios?

B. Pida que sus alumnos y alumnas reflexionen en las siguientes ideas y compartan sus respuestas con la clase, si es que se sienten cómodos para hacerlo.

- ¿En qué forma Jesucristo trajo conflicto a su vida?
- ¿En qué forma Jesucristo trajo paz a su vida?
- En base a lo que hoy aprendió en esta lección, ¿cómo cree que puede traer la paz de Cristo en forma eficaz a una situación específica?

C. Termine la lección leyendo o escribiendo la siguiente cita del Servicio de Pacto de Juan Wesley para que todas las personas de la clase la lean en voz alta y al unísono.

"Que estos tres principios sean fijados en su corazón:

1. Las cosas eternas son más importantes que las temporales.
2. Las cosas que no se ven, son tan ciertas como las cosas que se ven.
3. De la elección que haga hoy depende su destino eterno.

Elija a Cristo y sus caminos, y será bendecido para siempre; rechace a Cristo y estará perdido para siempre".

Para la próxima clase

En la próxima lección estudiaremos un mandamiento que parece imposible de cumplir, "¡vende todo lo que tienes!" Recuérdeles a los participantes de la clase leer el capítulo 4 del libro de estudio antes de la próxima clase.

Capítulo 4

¡Vende todo lo que tienes!

Contexto bíblico: Marcos 10:17-31
En esta clase: Aprenderemos lo que cuesta seguir a Cristo.

Prepárese

1. Necesitará alguna forma de registrar las respuestas de sus alumnos y alumnas en la actividad 2C.
2. Ore por cada persona que asiste a la clase, para que él o ella tenga la valentía de profundizar su compromiso con Cristo como resultado de la enseñanza de esta lección.

1. Para empezar *(5 minutos)*

A. Comience la clase invitando a sus alumnos y alumnas para que respondan a las siguientes preguntas:

- ¿Cuáles son algunas de las ventajas de ser rico?
- ¿Hay alguna desventaja por ser rico?
- ¿Cree que la mayoría de las personas desean ser ricas? ¿Por qué?
- ¿Qué clase de esfuerzo y atención se requiere para que la mayoría de la gente acumule riqueza?

B. Cuando plantee las siguientes preguntas, pídales que excluyan en sus respuestas a cualquier persona que esté presente en la clase. No hay necesidad de avergonzar a uno de nuestros compañeros de clase.

- ¿Quién es la persona más rica que usted conoce?
- ¿Cuál es la diferencia entre la vida de ella y la suya?

Transición: Cada semana, miles de personas compran boletos de lotería con la esperanza de ser millonarios al instante. Aunque la mayoría de los cristianos no creen en los juegos de azar, algunos secretamente desean ser "muy ricos". Veamos qué es lo que sentimos acerca de la riqueza.

2. Reflexión sobre la vida *(10 minutos)*

A. Examine la actitud de sus alumnos y alumnas hacia las riquezas mientras discuten las siguientes preguntas:

- ¿Qué opina de las personas que literalmente vendieron todo lo que tenían para seguir a Jesús? (por ejemplo algunos misioneros).
- En sí mismos, ¿los ricos son malvados? ¿Por qué?
- ¿Usted cree que Jesús llama a cada cristiano para que venda todo lo que posee y vaya en pos de Él? ¿Por qué?

B. Cuando plantee a sus alumnos y alumnas la siguiente pregunta, invite aquellos que desean compartir sus respuestas con toda la clase. Escriba esas respuestas para crear una lista que pueda ser usada en el resumen de la lección.

Transición: Como adultos y como cristianos, somos libres para elegir. Lo que elijamos para gastar nuestro tiempo y dinero dice algo respecto a lo que es importante para nosotros. ¿Nuestras prioridades son como las prioridades de Dios?

3. Abramos la Palabra *(20 minutos)*

Resumen del capítulo:

- La gente pobre nos hace sentir incómodos con la abundancia de nuestras posesiones.
- Las personas que elijen ser pobres para seguir a Cristo, nos hacen sentir aún más incómodos.
- En el diálogo de Jesús con el hombre rico llama nuestra atención aquello que obstaculiza nuestro compromiso cristiano.
- No hay nada que pueda satisfacer las demandas del Maestro sino el deseo de dar todo a Jesús.

A. Muestre estas características del joven rico que revela Marcos 10:17-21.

- Estaba ansioso para hablar con Jesús. "Vino uno corriendo" (v.17).
- Honró a Jesús. "Hincando la rodilla delante de él" (v.17).
- Sabía que Jesús enseñaba la verdad. "Maestro bueno..." (v.17).
- Estaba interesado en temas eternos. "¿Qué haré para heredar la vida eterna?" (v.17).
- Había compromiso en él. "Todo esto lo he guardado desde mi juventud" (v.20).
- Era sincero. "Jesús, mirándole, le amó (v.21); "Pero él, afligido por esta palabra, se fue triste" (v.22).

Luego, plantee a sus alumnos y alumnas estas preguntas:

- ¿En qué forma usted se identifica con el joven rico?
- ¿En qué forma ve que él no se parece a usted?

B. Diga a sus alumnos y alumnas: "En el versículo 21 Jesús le dice al joven rico, "una cosa te falta". Él le está mostrando que guardar los mandamientos no es suficiente".

Luego pregunte:

- ¿Está de acuerdo que seguir a Cristo es más que guardar los mandamientos? ¿Por qué?

C. Lea los versículos 23 y 24, luego pregunte:

- ¿Las palabras de Jesús en el versículo 23 le sorprendieron a usted tanto como sorprendieron a los discípulos? ¿Por qué?

D. Que los alumnos y alumnas lean los versículos 29 al 31. Luego pregúnteles:

- De acuerdo con estos versículos, ¿qué es lo que pierde una persona por seguir a Jesús?
- ¿Qué es lo que una persona gana por dejar todo para servir a Dios?

Transición: Al darnos todo por Jesús tal vez no dejemos nuestras riquezas materiales, pero seguir a Cristo tiene un costo personal. ¿Qué más puede interponerse entre el Señor y nosotros?

4. Conclusión *(10 minutos)*

A. Después de hacerles recordar la lista hecha en la sección 2B, dé a sus alumnos y alumnas unos momentos para que reflexionen en las siguientes preguntas. Luego, dé el tiempo necesario para que algunos voluntarios compartan sus respuestas.

• ¿Qué es lo que Dios le está pidiendo que dé para acercase más a Él?
• ¿Qué es lo que impide que lo haga?
• ¿Qué es lo que le ayudará a hacerlo?

B. Invite a toda la clase para que discutan lo siguiente:

• ¿Realmente cree que vivir para Cristo es más importante que cualquier cosa que este mundo ofrece?
• Si su respuesta es sí, ¿qué es lo que puede cambiar o arreglar en su vida durante esta semana para demostrar que seguir a Cristo es más importante?

C. Lea cada una de las siguientes frases y dé el tiempo necesario, después de cada frase leída, para que sus alumnos y alumnas mediten en ella. También puede sugerirles que repitan la frase después de usted como una oración que sale del corazón de ellos.

• Señor, te entrego mi casa y la dedico a tu servicio.
• Señor, te entrego mi familia y la dedico a tu servicio.
• Señor, te entrego mi trabajo y lo dedico a tu servicio.
• Señor, te entrego mi auto y lo dedico a tu servicio.
• Señor, te entrego mi dinero y lo dedico a tu servicio.
• Señor, te entrego mi tiempo y lo dedico y tu servicio.
• Señor, te entrego mi vida y lo dedico a tu servicio.
• Señor, te entrego mi corazón y dedico todos mis sentimientos a tu servicio.

Termine la clase con una palabra de oración.

Para la próxima clase

En la próxima clase, estudiaremos una parábola que incomoda nuestro concepto de imparcialidad. Que sus alumnos y alumnas lean el capítulo 5 del libro.

Capítulo 5

Un salario justo por el trabajo

Contexto bíblico: Mateo 20:1-16
En esta clase: Aprenderemos que desde el punto de vista de Dios, el concepto gracia es muy diferente a la idea humana de "lo que es justo".

Prepárese

1. Lea todas las preguntas sugeridas para analizarlas en esta lección. Si su tiempo es limitado, tal vez sea necesario elegir sólo aquellas preguntas que son pertinentes para la vida de sus alumnos y alumnas.
2. Puesto que se ha sugerido una lectura dramatizada de la parábola, tal vez no necesita compartir con sus alumnos y alumnas el material de la sección, Resumen del capítulo.
3. Mientras prepara la lección, ore específicamente por sus alumnos y alumnas, pidiendo que el Espíritu Santo les ayude a rechazar cualquier sentimiento negativo que puedan tener por las experiencias injustas que hayan pasado y comprendan, por medio de esta lección, el mensaje de la gracia de Dios.

1. Para empezar *(5 minutos)*

Comience la lección pidiendo que sus alumnos y alumnas den una respuesta breve a las siguientes preguntas:

- ¿Cuántos trabajos distintos tuvo en su vida?
- ¿Cuál fue el trabajo más interesante o poco común que tuvo usted?
- ¿En cuál de sus trabajos ha permanecido más tiempo?

Transición: La idea que una persona tiene de lo que es justo, generalmente no es igual al concepto de justicia que tienen otras personas. Veamos algunas de nuestras propias experiencias cuando tratamos de ser justos.

2. Reflexión sobre la vida *(10 minutos)*

A. Invite a sus alumnos y alumnas para que recuerden sus experiencias generales con las siguientes preguntas:

- ¿Qué es lo que sintió cuando pusieron su apellido en orden alfabético para asignarle un trabajo o una tarea?
- ¿Qué es lo que uno siente cuando está al principio de la lista alfabética?
- ¿Qué es lo que uno siente cuando está al final de la lista alfabética?
- ¿Cuán diferente hubiese sido esa situación para usted si le hubiesen asignado por otro orden que no sea el alfabético?

B. A la luz de las siguientes preguntas, que sus alumnos y alumnas analicen sus experiencias de trabajo:

- ¿Cuál fue el mejor empleo o quien fue el mejor empleador que tuvo? ¿Por qué?
- ¿Alguna vez sintió que estaba trabajando por un sueldo menor al que merecía?
- ¿Alguna vez sintió que realmente trabajó por un sueldo que era más de lo que merecía?

- En su trabajo, ¿cómo define "justo" e "injusto"?
- En su opinión, en el concepto de justicia e injusticia que tiene una persona, ¿cuál es el papel que juegan los sentimientos?

C. (Opción) En lugar de plantear las preguntas de la lista en el inciso B, podría analizar las mismas ideas pidiendo que sus alumnos y alumnas analicen la siguiente situación:

Imagine que usted ha trabajo por 25 años en la misma compañía. Durante todos esos años de servicio, fue un empleado fiel, competente y productivo. Ayer, una nueva persona fue contratada para trabajar al lado suyo con responsabilidades similares. Esta persona es joven y sin experiencia laboral. Por medio de rumores en la compañía, sabe que este nuevo empleado está recibiendo exactamente el mismo sueldo que recibe usted.

- ¿Cuál sería su reacción?

Transición: Cuando el sentido de justicia de una persona ha sido violado, a veces es difícil olvidar esa experiencia y ver la verdad en forma más amplia. Jesucristo relató la parábola de los obreros de la viña sólo para ayudarnos con ese problema. Examinemos lo que dijo.

3. Abramos la Palabra *(20 minutos)*

Resumen del capítulo:

- Esta parábola no trata de las relaciones obrero-patrón, aunque reconocemos que la ética laboral es crucial y vital para que los obreros y los dueños de las empresas, trabajen juntos.

- Sin duda muchos de nosotros nos identificamos con los que trabajaron todo el día y ganaron sólo un denario. Eso no fue justo. Después de todo, insistimos que la vida debe ser justa.
- Esta parábola nuevamente nos demostró que el reino de Dios es diferente a los reinos que conocemos en este mundo.
- El Dios descrito en la parábola de los obreros de la viña, es un Dios de gracia. Él nos da a todos de acuerdo a nuestras necesidades.

A. Que sus alumnos y alumnas lean Mateo 20:1-16. Que uno lea las palabras habladas por Jesús (como el que narra la parábola). Que otro lea las palabras del dueño de la viña. Y que el resto de la clase lea al unísono las palabras de los obreros.

Después de la lectura, plantee las siguientes preguntas:

- ¿Cuál es la palabra de advertencia que escucha en este pasaje?
- ¿Cuál es palabra de ánimo?

B. Dirija un diálogo en base a las siguientes preguntas:

- ¿Cómo respondería usted a los que posiblemente digan que Dios nos es justo por la forma que perdona?
- Aquellos que aceptan a Jesús en el lecho de su muerte, ¿obtienen el mismo regalo de la vida eterna que recibirán otros cristianos?
- ¿Qué siente usted cuando sabe que irán al cielo ex criminales, abusadores de niños y niñas, y personas que confiaron en Cristo minutos antes de morir?
- ¿Cuál es el peligro de esperar hasta la última hora el don de la salvación de Cristo?

- Aunque es hermoso ver que un anciano acepta a Cristo, ¿qué sucedió para que esta persona experimente la salvación tan tarde en su vida?
- ¿Cuáles son las ventajas si aceptamos a Cristo siendo aún niños?
- ¿Cree usted que sería justo que los que aceptan a Cristo siendo ya ancianos, tengan en los cielos una "mansión" más pequeña, que aquellos que han servido a Cristo toda su vida? ¿Qué nos dice esta parábola al respecto?

C. Continúe explorando en esta parábola el significado de gracia respondiendo a las siguientes preguntas:

- ¿Qué pasaría si Dios nos diera a cada uno lo que merecemos?
- ¿Cuál es el peligro de comparar nuestra propia situación con la de otra persona?
- ¿En qué manera, enfocar nuestra vida en la gracia de Dios nos libra de ser celosos de otras personas?

Transición: La gracia de Dios no es un concepto que entenderemos completamente, porque es más amplio y profundo de lo que nosotros imaginamos. Sin embargo, podemos vivir en su gracia cada día y estar agradecidos por eso.

4. Conclusión *(10 minutos)*

A. Comparta esta lista de enseñanzas importantes que aprendimos de la parábola de Jesús: Los obreros de la viña.

- La generosidad de Dios es sin medida.

- No hay nada que se pueda hacer para ganar o merecer la gracia de Dios.
- Dios es soberano y hace lo que Él sabe que es mejor.
- Nadie consigue lo que se merece.
- Dios está más preocupado de la gracia que de las ideas humanas sobre lo que es justo.

B. Resuma la lección con una breve discusión de lo siguiente.

- ¿Cuáles son algunas formas específicas para que los cristianos "más viejos" y "más jóvenes" pueden ayudarse el uno al otro, para "crecer en la gracia y conocimiento de nuestro Señor y Salvador Jesucristo"? (2 Pedro 3:18).

Para la próxima clase

El título del próximo capítulo es, "Pocos son los escogidos". En caso de que las personas de su clase crean que vamos a discutir temas de reclutamiento militar, anímelos a leer el capítulo 6 del libro para que descubran el verdadero tema de la lección.

Capítulo 6

Pocos
son los escogidos

Contexto bíblico: Mateo 22:1-14
En esta clase: Veremos cómo respondimos a la invitación de Dios.

Prepárese

1. Revise todas las preguntas sugeridas en esta lección. Mantenga el diálogo dentro del tiempo asignado para cada sección.

2. Si ve que sus alumnos o alumnas no han leído durante la semana el material para esta lección, prepárese para compartir al inicio de la sección Abramos la Palabra, las enseñanzas claves del capítulo seis del libro de estudio. Como una ayuda para los comentarios en la clase, los puntos principales están en el Resumen del capítulo.

3. Para la sección 1A, en caso de que sus alumnos y alumnas no tengan una ilustración, prepare una anécdota graciosa ocurrida en alguna ceremonia de boda.

1. Para empezar *(5 minutos)*

A. Inicie la clase pidiendo a dos o tres alumnos y alumnas que relaten:

- ¿Cuál fue un incidente gracioso que usted presenció en una ceremonia de boda?

B. Que sus alumnos o alumnas digan cuándo fue la última vez que asistieron a una ceremonia de boda:

- ¿Todos los que asistieron a la boda estaban vestidos de acuerdo a la ocasión?
- Si no fue así, ¿qué sintió por aquellos que no estaban vestidos de acuerdo a la ocasión?

Transición: Como adultos, muchos de nosotros hemos asistido a bodas, ya sea como participantes en la ceremonia o invitados. Veamos, desde un punto de vista general, lo que observamos en ellas.

2. Reflexión sobre la vida *(10 minutos)*

A. Las respuestas a estas preguntas son obvias, pero sus implicaciones son importantes cuando nos trasladamos de la boda a la que asistimos recientemente, para dialogar de la fiesta de boda del Hijo de Dios.

- ¿Generalmente, las bodas son de carácter privado o eventos donde participa la comunidad?
- ¿Las ceremonias de bodas toman mucho tiempo para su preparación o son eventos realizados a última hora?
- Los que planean la boda, ¿generalmente desean que asistan pocas personas, o dicen ellos: "Cuanto más gente mucho mejor"?
- Si alguien ha sido invitado a una boda, pero decide que él o ella no puede asistir, ¿cuál es la reacción de los que les invitaron?
- ¿Hay algunas formas apropiadas de vestirse para una boda? ¿Cuáles son?

- Aunque las madres tradicionalmente lloran en las ceremonias de bodas, ¿éstas son generalmente ocasiones alegres o tristes?

B. Pida que sus alumnos y alumnas respondan las siguientes preguntas:
- ¿Cuál fue la invitación más importante que usted recibió?
- ¿Cuál fue la invitación más importante a donde usted no pudo asistir? ¿Cuál fue su excusa?

Transición: Cuando Jesús relataba parábolas, siempre les hablaba de temas familiares a los que le escuchaban. Sin embargo, Él nunca les decía lo que querían escuchar. Examinemos esta parábola para ver si lo que sabemos acerca de las bodas, se compara con las enseñanzas de Jesús acerca del reino de Dios.

3. Abramos la Palabra *(20 minutos)*

Resumen del capítulo:
- En el Nuevo Testamento, la nueva vida de fe es a menudo simbolizada con las vestiduras ya sean nuevas o sin mancha. De la misma manera, se espera que la vida de un creyente dé evidencia de la presencia de Cristo.
- Aquellos que no son elegidos, se encuentran allí donde están los perdidos pero no porque fueron excluidos de la lista de invitados, sino porque ellos no aceptaron la invitación.
- Aquellos que dicen ser parte del Reino, sin haber experimentado la presencia de Cristo dentro de ellos, simplemente se están engañando a ellos mismos.

• Esta es una parábola del Reino. A menos que no guardemos todo el tiempo esta verdad en su perspectiva correcta, la parábola no podrá ser entendida, y las palabras finales de Jesús pierden su significado.

A. Primero, repase las tres formas distintas en que algunos de los que fueron invitados, quedaron fuera del banquete.

• Los primeros que fueron invitados, no quisieron ir a la boda (v.3).
• Los que recibieron la segunda invitación, no hicieron caso de ella (v.5).
• Los últimos que fueron invitados, no estaban preparados para estar allí (vv.11-12).

Luego pregunte:

• De los tres casos, ¿de quién era la culpa que no pudieran particiar de la fiesta de boda?
• En su opinión, ¿qué significa, "muchos son llamados pero pocos son escogidos?"

B. Tomando en cuenta tanto la parábola y las experiencias de sus alumnos y alumnas, invítelos para que analicen lo siguiente:

• ¿Por qué alguien se negaría a ir a un evento tan hermoso como una fiesta de boda?
• ¿Cuáles son algunas razones por las cuales la gente no escucha el mensaje del evangelio?
• ¿Cuán fácil es resistir y rechazar la voz de Dios?
• ¿Por qué las personas hoy están tan ocupadas para escuchar la voz de Dios?
• ¿Es pecado estar ocupado?
• ¿Cuál es la diferencia entre ignorar a Dios y rechazarlo? ¿Cuál es peor?
• ¿Es suficiente simplemente escuchar la invitación de Dios?

• ¿En qué forma los cristianos nominales fallan con su compromiso con el reino de Dios? En los ojos de Dios, ¿este es un problema serio?

Transición: Las parábolas de Jesús no eran simplemente "lindas historias" que relató para entretenernos. Ellas siempre nos desafían para hacer algunas decisiones en relación a nuestra vida cristiana. ¿Cuál es la decisión a la que estamos siendo llamados para hacer hoy?

4. Conclusión *(10 minutos)*

A. Termine la clase con las siguientes preguntas:
• ¿En qué sentido la invitación al "banquete de boda" es una invitación a ver "como estás vestido"?
• ¿En qué sentido la invitación al "banquete de boda" es una invitación a "prepararte para el banquete"?
• ¿Cómo debemos prepararnos para vivir en el reino de Dios?

B. Invite sus alumnos y alumnas para que examinen la vida de cada uno de ellos dando respuesta a las siguientes preguntas:
• ¿Alguna vez sentiste que tu vida no se "veía" como debería verse la vida de un cristiano?
• ¿Alguna vez has estado muy ocupado y no tenías tiempo para oír a Dios?
• ¿Recuerdas aquella vez cuando te negaste para escuchar la invitación de Dios?

C. Pida que sus alumnos y alumnas respondan en oración a estas tres preguntas.

- ¿Usted o alguien que conoce necesita oír la invitación de Dios? ¿Qué es lo que debe hacer para responder a esta pregunta?
- ¿Usted o alguien que conoce debe dejar de ignorar el llamado de Dios? ¿Qué es lo que debe hacer para responder a esta pregunta?
- ¿Usted o alguien que conoce necesita ponerse "el vestido o traje de boda" y estar preparado y comprometido para vivir en el reino de Dios? ¿Qué es lo que debe hacer para responder a esta pregunta?

Luego, termine la clase en oración. Pida a Dios que sus alumnos y alumnas estén atentos a la invitación del Señor.

Para la próxima clase

En la próxima clase, estudiaremos la desesperación que sintió Jesús cuando estaba colgado en la cruz. Que sus alumnos y alumnas no se olviden de leer el capítulo 7 del libro de estudio: "¿Por qué me has desamparado?"

Capítulo 7

"¿Por qué me has desamparado?"

Contexto bíblico: Mateo 27:32-50
En esta clase: Tenemos que recordar que Dios nunca abandona a su pueblo.

Prepárese

Ore para que sus alumnos y alumnas que están pasando por días difíciles, encuentren ayuda mientras estudien esta lección.

1. Para empezar *(5 minutos)*

Empiece la clase afirmando lo siguiente: "Algunos de nosotros recordamos el asesinato de las tres personas muy conocidas que ocurrió a mediados del siglo XX. Otros posiblemente sólo escucharon de ellos".

Luego, invite a los que recuerdan esos eventos para que den respuesta a las siguientes preguntas:

- ¿Cuáles de estas tres muertes violentas le afectaron más y por qué?
  - John F. Kennedy
  - Martin Luther King Jr.
  - John Lennon

Transición: Cuando vemos en la televisión las noticias de una tragedia pública, sentimos tristeza.

Sin embargo, cuando sucede la tragedia en nuestra vida, nuestras emociones aún son más intensas. Veamos algunos de nuestros sentimientos personales.

2. Reflexión sobre la vida *(10 minutos)*

A. Pida que sus alumnos y alumnas exploren sus propias experiencias respondiendo a las siguientes preguntas:

- ¿Cuáles son algunas de las palabras que usted usaría para describir el sentimiento por la separación de la persona a quien usted ama?
- ¿Usaría diferentes palabras para describir el sentimiento de esa separación basado en las siguientes circunstancias?
  - La persona a quien ama está de viaje y volverá pronto.
  - La persona a quien ama vive muy lejos de usted.
  - La separación actual es causada por sentimientos fuertes sobre un incidente que ocurrió en el pasado.
  - Está separado de la persona que ama porque él o ella ha muerto.

B. Explique a sus alumnos y alumnas lo siguiente: "Muchos cristianos han usado la frase "me siento vacío", para describir esos momentos cuando les fue difícil sentir en su vida la presencia de Dios. Aunque saben que Dios no los ha abandonado; sin embargo, se sienten solos y frustrados debido a las circunstancias de la vida".

Luego, pídales que respondan a las siguientes preguntas:

- ¿Qué tipo de circunstancias o eventos pueden ser la causa para que nos "sintamos vacíos"?
- ¿Cree que cuando uno se "siente vacío" indica que la fe que esa persona tiene en Dios se debilita? ¿Sí o no? ¿Por qué?
- ¿Cómo podemos mantener viva la esperanza, cuando alguien se está enfrentando a situaciones trágicas?

Transición: Algunas veces en la vida debemos caminar por un valle oscuro de desánimo. En medio de esa situación es bueno recordar que Cristo fue "despreciado... varón de dolores, experimentado en quebranto" (Isaías 53:3).

3. Abramos la Palabra *(20 minutos)*

Resumen del capítulo:
- Los mártires murieron convencidos de que la causa que seguían era justa y confiados de que el futuro justificará sus acciones.
- Entendemos a los mártires; estas palabras de Jesús están delante de nosotros por siempre. Revelan los alcances de una experiencia que no podemos imaginar, describir o definir; sin embargo, estas palabras contienen no sólo un misterio, sino también la magnificencia de la cruz.
- No debe sorprendernos si Jesús expresó emociones humanas mientras estaba siendo crucificado, porque era humano y también era Dios.
- Sin embargo, la muerte de Cristo fue distinta a cualquier otra muerte en la cruz.

• La cruz, más que un abandono de Dios a su hijo, fue una victoria. Después de que Jesús dijera, "Dios mío, Dios mío, por qué me has abandonado", Él exclamó: "Consumado es" (Juan 19:30). Las tinieblas desaparecieron. Regresó la luz. Renació la esperanza, y con ella, la confianza de que si Dios no abandonó eternamente a su Hijo, tampoco nos dejará.

A. A veces cuando la gente ha estado en la iglesia por mucho tiempo, los relatos de los evangelios les son tan familiares que pierden su impacto. Para mantener fresca la "antigua historia", invite a sus alumnos y alumnas para que cierren los ojos y escuchen la historia. Que traten de imaginarse lo que estaba pasando.

Lea Mateo 27:45-50 y pida que varios respondan lo siguiente:

• Describa la escena de la crucifixión tal como lo vio en su mente.
• Para usted, ¿cuál es la parte más vívida?
• ¿Cuál idea nueva vino a su mente mientras leían el relato?

B. Lea a sus estudiantes la siguiente declaración:

Algunos preguntan: "¿Realmente Cristo experimentó en la cruz estas emociones y sentimientos humanos? ¿O simplemente pretendió ser 'humano' para encajar con los que estaban alrededor de Él? Después de todo, Él era realmente Dios, ¿verdad?

Luego pregunte a sus alumnos y alumnas:

• ¿Cuál es su respuesta a esas preguntas?

Después del diálogo, hágales recordar lo siguiente: "Al mismo tiempo Jesucristo fue completamente Dios y completamente hombre. Esa es una de las doctrinas principales de la iglesia". Luego plantee las siguientes preguntas:

- Cuando piensa en la muerte de Cristo, ¿le parece que fue un suceso "frío", o le mueve a dar una respuesta de mucha emoción y gratitud a Dios?
- ¿Cómo se siente cuando se da cuenta que Jesucristo experimentó una muerte horrible por usted?

Transición: La causa por la cual Jesús clamó a gran voz fue porque Él llevó nuestros pecados y el sentimiento de abandono que acompañaba a ese acto de amor. Debemos estar eternamente agradecidos porque Él soportó ese dolor a favor de nosotros.

4. Conclusión *(10 minutos)*

A. Diga a su alumnos y alumnas: "Ya sea que uno o todos los asesinatos de las personas que comentamos al comenzar la lección puedan haber afectado de una forma u otra nuestra vida, ninguno de ellos hizo en nosotros lo que logró la violenta muerte de Jesús y su subsecuente resurrección.

Luego pregunte:

- ¿Cuál es específicamente una forma diferente en que usted vivirá la semana que viene, como gratitud a los sufrimientos de Jesucristo por usted?
- En un futuro cercano, ¿con quién compartirá las buenas noticias de la muerte y resurrección de Cristo?

B. Termine la clase relatando lo siguiente:

Se ha dicho que cada persona lleva en lo profundo de su corazón la pregunta "por qué", mientras que esa pregunta permanezca sin ser contestada o resuelta, constantemente consumirá la vitalidad emocional y espiritual de esa persona. Algunos ejemplos son: ¿Por qué murió mi madre? ¿Por qué nací con este defecto físico? ¿Por qué perdí mi trabajo? ¿Por qué dejaron mis hijos la iglesia?

Piense, en silencio y sea honesto con usted mismo, acerca de la pregunta "por qué" que puede estar al acecho dentro de usted. Si llevó a Dios todas sus preguntas "por qué", de gracias a Dios por su fidelidad y cuidado. Si usted todavía tiene una pregunta sin resolver, le animo para que hoy lleve a Dios esa pregunta. Tal vez no obtenga todas las respuestas que está buscando en este momento, pero sabrá sin duda alguna que no está solo. Dios nunca nos dejará.

Para la próxima clase

Haga recordar a sus alumnos y alumnas que lean para la próxima clase el capítulo 8: "No pasará esta generación" del libro de estudio.

Capítulo 8

"No pasará esta generación"

Contexto bíblico: Mateo 24:1-14, 30-35.
En esta clase: Encontraremos consuelo en la verdad de las palabras de Jesucristo respecto al futuro.

Prepárese

1. Para empezar la lección en 2A, puede llevar a la clase historias extraídas de periódicos o revistas que hablen de las predicciones futuras.
2. Puesto que se ha dicho y escrito mucho sobre el tema del fin de los tiempos, tenga cuidado que la discusión de Mateo 24, no se desvíe más allá del enfoque de Jesús, tal como lo encontramos en las Escrituras.

1. Para empezar *(5 minutos)*

A. Que sus alumnos y alumnas recuerden cuando eran niños:

- Cuando era niño, ¿cuál fue el regalo que sus padres le prometieron si se portaba bien por cierto período de tiempo?
- ¿Ese tipo de incentivo dio resultado? Sí o no. ¿Por qué?

B. Ahora, invite a sus alumnos y alumnas que anticipen lo que nos espera en el futuro:

- Si pudiese conocer sólo una cosa acerca del futuro, ¿qué es lo que más desearía saber?

Transición: Saber lo que sucederá, posiblemente nos dé tranquilidad, pero también podría producir ansiedad; a pesar de eso, muchas personas desean conocer el futuro. Analicemos el por qué.

2. Reflexión sobre la vida *(10 minutos)*

A. Plantee estas preguntas de discusión diciendo lo siguiente: "Constantemente estamos escuchando predicciones para el futuro. Expertos en finanzas intentan predecir si la economía se fortalecerá o debilitará. Los comentaristas de deportes, aún antes de que comience la temporada o campeonato, tratan de predecir quien será el campeón. Muchas personas visitan a los adivinos para saber si llegarán a tener mucho dinero o encontrarán el verdadero amor de su vida. Donde quiera que vayamos, alguien está hablando acerca del futuro.

- ¿Por qué las personas están interesadas en el futuro?
- ¿Cuáles temas en relación al futuro llaman la atención de las personas?
- ¿Cuáles son algunas maneras en que tratamos de prepararnos para el futuro?
- ¿Cree que debemos preocuparnos por el futuro? Sí o no. ¿Por qué?

B. Prepare a la clase para que responda la pregunta diciendo más o menos lo siguiente: "La mayor parte de las conversaciones que escuchamos acerca del futuro, tiene que ver con la sobrevivencia individual, especialmente respecto a las finanzas o la salud".

- ¿En qué maneras nuestro mundo muestra que no le interesa la segunda venida de Cristo, o por lo menos, no tan pronto?

Transición: Aunque no conocemos todos los detalles en forma específica, Jesús nos ha dado una idea general de las circunstancias que rodearán su segunda venida.

3. Abramos la Palabra *(20 minutos)*

Resumen del capítulo:

- Los discípulos tomaron por sentado que la destrucción del templo ocurriría en el momento en que Cristo vendría para establecer su reino al fin del tiempo presente.
- Jesucristo puso todo en claro distinguiendo entre el fin del templo y el fin de la era.
- El año 70 d.C., el templo en Jerusalén fue destruido por el ejército romano. En el incendio murieron seis mil personas.
- La generación que escuchó la predicción de Jesucristo, vio que se cumplió en menos de 40 años.
- La segunda venida de Cristo es todavía un evento futuro, el cual no tenemos por qué temer, sino esperar con mucha expectativa y deseo.

A. Inicie la clase analizando Mateo 24 de la siguiente manera. Él capítulo 24 de Mateo comienza llamando la atención de sus discípulos hacia el templo y prediciendo que se convertirá en escombros. Su predicción se cumplió 'inmediatamente' dentro del marco de esa generación, porque el templo fue destruido por los romanos en el año 70 d.C. Cuarenta años es la medida bíblica para una generación.

"Luego, los discípulos le preguntaron acerca del 'fin del siglo', que es el fin del tiempo. Veamos de cerca las condiciones que Jesús enumeró como respuesta a la pregunta de sus discípulos.

Mirad que nadie os engañe (vv.4-5)

* ¿Cuál es el engaño que escuchó o leyó respecto a la venida de Cristo?
* ¿Quién o quiénes, después de decir que es cristiano, demostró que no lo era?

Guerras y rumores de guerra (vv.6-7)

* ¿Qué es lo que uno teme de la guerra?
* ¿Por qué hay guerras en la historia y en el tiempo presente?

Hambre y terremotos (v.7)

* ¿Qué tipo de problemas ocasionan el hambre y los terremotos?

Persecución, muerte y odio a los cristianos (vv.9-11)

* ¿Cree usted que estas palabras eran sólo para sus 12 discípulos? Sí o no. ¿Por qué?
* ¿Cómo se da la persecución contra los cristianos hoy, en su vida cotidiana? ¿En su país? ¿En el mundo?

El amor de muchos se enfriará (v.12)

* ¿Cómo es que el mundo muestra una falta de amor hacia Dios?

Persevere hasta el fin (v.13)

* En su opinión, ¿qué significa "perseverar hasta el fin"?
* ¿Cómo puede hacer eso un cristiano?

El evangelio predicado en todo el mundo (v.14)

* ¿Usted cree que todavía no se ha cumplido? Sí o no. ¿Por qué?

B. Que sus alumnos y alumnas continúen analizando Mateo 24 en base a las siguientes preguntas:

Lea los versículos 30-31
- Basado sólo en estos versículos, ¿cómo se imagina la segunda venida de Cristo?

Lea los versículos 32-33
- En sus propias palabras, ¿cómo explicaría la "lección de la higuera?

Lea los versículos 34-35
- ¿Cómo reacciona a la enseñanza de estos dos versículos?
- ¿Le hacen dudar o afirman su fe en Jesús? ¿Por qué?

Transición: Solo hay Uno que conoce cuando el mundo, tal como lo conocemos, llegará a su fin. "Pero del día y de la hora nadie sabe, ni aun los ángeles de los cielos, sino sólo mi Padre" (Mateo 24:36). Nuestra tarea es estar preparados para cuando ocurra.

4. Conclusión *(10 minutos)*

A. Termine la clase pidiendo a sus alumnos y alumnas que respondan las siguientes preguntas:
- Dadas las condiciones que todavía existen hoy, descritas por Jesús en los versículos 4-11, ¿en qué forma debemos conducir nuestra vida? Es decir, ¿qué debemos hacer los cristianos mientras esperamos ese día? Sea específico.
- ¿De qué forma podemos tratar de hacer tomar consciencia al mundo del regreso de Cristo?

B. Invite a algunos voluntarios para que respondan las siguientes preguntas:
- ¿Tiene miedo del futuro o lo está esperando? ¿Por qué?

• Si supiese con certeza que Cristo podría volver mañana, ¿qué es lo que haría diferente hoy?

C. Resuma la lección compartiendo con sus alumnos y alumnas el siguiente pensamiento: "Si tiene miedo del futuro, ¿oraría hoy para que Cristo le ayude a vencer ese miedo? Si hay algo en particular que hace que usted tenga miedo de la segunda venida de Cristo, ¿rendiría hoy ese temor a Cristo?

"Si está a la espera del futuro y de la segunda venida de Cristo, ¿cómo ayudaría a otros para que tengan la misma confianza que usted tiene en Dios?

Termine la clase con una palabra de oración.

Para la próxima clase

En la siguiente lección, trataremos con una pregunta que casi todos los cristianos se hacen en algún momento. Que sus alumnos y alumnas lean el capítulo 9 del libro, ¿Prueba o tentación?

Capítulo 9

¿Prueba o tentación?

Contexto bíblico: Santiago 1:2-18
En esta clase: Aprenderemos cómo resistir las pruebas y las tentaciones en nuestra vida.

Prepárese

1. Necesitará un cuaderno para anotar las respuestas de los grupos de la actividad de 1B y posiblemente de 3A.
2. Mientras se prepara para enseñar esta lección, ore por sus alumnos y alumnas que en estos momentos están pasando por tiempos difíciles. Ore para que la enseñanza de esta lección les ayude a sobrellevar sus problemas.

1. Para empezar *(5 minutos)*

A. Comience la lección y pida que sus alumnos y alumnas respondan las siguientes preguntas:
- En la escuela primaria, ¿cuál era su reacción cuando tenía que dar un examen?
- ¿Todavía siente lo mismo cuando tiene que ser evaluado? (por ejemplo: Renovar el permiso de conducir o tener un examen físico) Sí o no. ¿Por qué?

B. Pida que dos personas de la clase definan los siguientes conceptos. Anote las repuestas de la clase para usarlas en el punto 2C.

- Tentación
- Prueba

Transición: Las pruebas y tentaciones son parte de la vida, aunque desearíamos que no fuera así. Veamos el impacto que hacen en nuestra vida.

2. Reflexión sobre la vida *(10 minutos)*

A. Motive a sus alumnos y alumnas para que dialoguen respondiendo las siguientes preguntas.
- ¿Qué tipo de pruebas enfrentan los cristianos?
- ¿Los incrédulos se enfrentan a diferentes pruebas? Sí o no. ¿Por qué?

B. Plantee la siguiente pregunta:
- Cuando suceden cosas malas, ¿cuál de las siguientes opciones, los incrédulos generalmente atribuyen como la causa?
  - La voluntad predeterminada de Dios
  - Destino impersonal
  - Mala suerte
  - Elección personal
  - Otro
- ¿Su respuesta para los cristianos sería la misma que escogió anteriormente? Sí o no. ¿Por qué?

C. Pida que sus alumnos y alumnas reflexionen en las definiciones que dieron en el punto 1B y pregunte:
- ¿Cuál es la diferencia entre la tentación y la prueba? Dé un ejemplo de cada situación para ilustrar la diferencia.

D. ¿Qué es la vida? Pida que sus alumnos y alumnas expresen sus opiniones respondiendo a la siguiente pregunta:

• ¿Está de acuerdo o en desacuerdo con la siguiente afirmación? "La vida es 10% de lo que a ti te pasa, y 90% cómo respondes a lo que a ti te pasa". Sí o no. ¿Por qué?

Transición: Si las pruebas y tentaciones son parte de esta vida, necesitamos el consejo bíblico para enfrentarlas. Santiago tiene el consejo para nosotros.

3. Abramos la Palabra *(20 minutos)*

Resumen del capítulo

• Para Santiago la fe en Cristo es vital, es una experiencia que cambia la vida. La fe no era sólo una declaración de creencias, sino el testimonio de vida de un corazón cambiado.
• Las pruebas vendrán, no podemos evitarlas.
• Dios usa las presiones y desafíos de nuestra vida para que formemos un carácter maduro.
• Tenemos que soportar las pruebas. No así con las tentaciones, ellas tienen que ser resistidas.
• Santiago fue muy cuidadoso para mostrar que nunca debemos culpar a Dios, porque "Dios no puede ser tentado por el mal ni él tienta a nadie" (Santiago 1:13).
• La tentación, en sí misma, no es pecado. Sin embargo, si concentramos nuestra atención en la tentación, podemos ser atrapados por el pecado.
• Dios, quien da buenas dádivas, contrarrestará la atracción de la tentación y nos ayudará a superar nuestra inclinación al pecado.
• Las pruebas vendrán, pero deben desafiarnos a un discipulado más comprometido.

A. Que alguien lea en voz alta Santiago 1:2-18. Luego, abra esta parte de la sesión diciendo lo siguiente: "Ya definimos los conceptos de 'tentación' y 'prueba', y tratamos de ver la diferencia entre los dos conceptos. Sin embargo, en este pasaje hay otros términos claves que necesitamos entender". Pida a sus alumnos y alumnas para que definan los siguientes conceptos:

• Gozo
• Perseverancia
• Sabiduría
• Deseo

B. Use las siguientes preguntas para analizar el pasaje bíblico:

• ¿Cómo es que el cristiano puede sentir gozo cuando está pasando por una prueba? (v.2).
• ¿Qué producen las pruebas? ¿Por qué los cristianos necesitamos pruebas? (vv.2-4).
• ¿Cuál es el recurso garantizado en medio de las pruebas? (vv.5-8).
• ¿En qué sentido la riqueza es una prueba? ¿En qué forma la pobreza es una prueba? (vv.9-11).
• ¿Cuál es la mayor recompensa para aquellos que soportan las pruebas? (v.12).
• ¿De dónde viene la tentación? La tentación, ¿es pecado? ¿Cómo pasa la tentación del pensamiento a la acción? (vv. 13-15).
• ¿Qué es lo que una persona debe hacer para impedir que un deseo malo se convierta en un acto malo? (vv.16-18).

Transición: Como hemos visto, los cristianos no debemos perder las esperanzas cuando nos enfrentamos a las pruebas y las tentaciones. Dios está trabajando en y a través de cada momento de dificultad que enfrentamos.

4. Conclusión *(10 minutos)*

A. Haga un resumen de la lección teniendo un breve intercambio de ideas de lo siguiente:
- ¿Cuáles de las siguientes afirmaciones piensan que explica lo que es prueba y tentación?
  - "No pude hacer nada; el diablo me dijo que lo hiciera".
  - "Nada pasa en este mundo sin que Dios lo haya predeterminado".

Después de que el grupo haya dado sus puntos de vista de estas opiniones opuestas, comparta con ellos la siguiente información.

Como wesleyanos, no podemos estar de acuerdo con ninguna de esas dos declaraciones. Una de las doctrinas de nuestra teología es la libre voluntad del ser humano, la capacidad que tiene para responder a las pruebas y tentaciones por medio de la elección personal. Dios nos ha dado la libertad para elegir la forma en que debemos tratar con las pruebas y las tentaciones.

Luego, pida que respondan las siguientes preguntas desde el punto de vista wesleyano.
- ¿Cuál sería una respuesta apropiada cuando somos probados?
- ¿Cuál sería una respuesta no apropiada a una prueba?
- ¿Cuál sería una respuesta apropiada cuando somos tentados?
- ¿Cuál sería una respuesta no apropiada a una tentación?

B. Pida a sus alumnos y alumnas que, por un momento y en forma privada, resuelvan esos temas en su vida personal. Si ellos desean, y si se sienten cómodos, pueden compartir sus respuestas con la clase.

- La prueba más dura por la que estoy pasando hoy, es _____ _____ _____.

- El área de tentación que probablemente tendré que enfrentar es _____ _____ _____.

- Por medio de las pruebas y situaciones que estoy experimentado, parece que Dios me está enseñando _____ _____ _____.

- En el pasado, Dios me ayudó a evitar la tentación por _____ _____ _____.

- Cuando me enfrente a la próxima prueba, confiaré en_____ para que me ayude a crecer.

- Cuando me enfrente a la próxima tentación, la resistiré por _____ _____ _____.

C. Termine la lección compartiendo con la clase la siguiente ilustración.

No se sienta extrañado cuando desea servir a Dios, y de pronto parece que se encuentra en un tiempo severo de pruebas. El propósito de Dios en cada coyuntura de la prueba es hacer que la persona sea de mayor valor delante de Él. Piensa en lo siguiente:

Una barra de acero de $5.00 cortada en pedazos para hacer herraduras, tiene el valor de $10.

Una barra de acero de $5.00 cortada para hacer agujas, tiene el valor de $350.

La misma barra de acero cortado en finos resortes para relojes, llega a costar $250,000

Por tanto, la próxima vez que se sienta desanimado de lo que Dios está haciendo por medio de usted, ¿piense en esa barra de acero?

Para la próxima clase

En la próxima lección estudiaremos otro de los pasajes del Nuevo Testamento que son difíciles de comprender. Que sus alumnos y alumnas lean el capítulo 10 del libro de estudio.

Capítulo 10

Firmes en vuestra vocación y elección

Contexto bíblico: 2 Pedro 1:1-11
En esta clase: Aprenderemos cuál es el plan de Dios para nuestro continuo crecimiento espiritual.

Prepárese

1. De alguna forma necesitará anotar y mostrar a toda la clase las dos listas que harán en el punto 2C.
2. Prepare el diagrama para que lo muestre y use en la actividad 3C.
3. Provea los himnos para el punto 4B.
4. Ore por sus alumnos y alumnas para que las enseñanzas de esta lección los desafíen a crecer espiritualmente.

1. Para empezar *(5 minutos)*

A. Comience la clase pidiendo a sus alumnos y alumnas que respondan las siguientes preguntas:

- Cuando era adolescente, ¿cuál era la profesión que deseaba ejercer cuando adulto?
- ¿Qué era lo que tenía que hacer para alcanzar su meta?

B. (Otra posibilidad de empezar la lección). Pida que sus alumnos y alumnas reflexionen en lo siguiente:

• ¿Cuál es su "promesa" favorita, algo que vino de Dios en lo que usted dependió todos estos años?

Transición: Todo aquello que vale la pena toma mucho esfuerzo alcanzarlo. ¿Cuánto esfuerzo deseamos hacer para alcanzar nuestra meta?

2. Reflexión sobre la vida *(10 minutos)*

A. Invite a sus alumnos y alumnas para que consideren cuán importante es el esfuerzo humano planteándoles la siguiente pregunta:

• ¿Usted vio a alguien esforzarse para alcanzar algo que consideraba importante? (Por ejemplo, aprender a tocar un instrumento, ser el mejor atleta o lograr la profesión que eligió).

B. Pida a sus alumnos y alumnas que discutan cómo las siguientes actitudes pueden alejar a la gente del Señor:

• "Creo que Jesucristo es mi Salvador. ¿No es eso suficiente?"
• "La Biblia es muy difícil de leer".
• "Todos deben tener el derecho de elegir qué es lo mejor para él o para ella".
• "Todos deben tratar las dificultades de este mundo a su propia manera".

C. Que sus alumnos y alumnas confeccionen dos listas respondiendo a las siguientes preguntas. Anote las respuestas para usarlas en el punto 3A.

• ¿Cuáles son las necesidades básicas de la vida?
• ¿Qué es lo que más desean en la vida la mayoría de las personas?

Transición: Algunas de las ideas que escuchamos hoy pueden alejarnos del camino. Pedro nos ayuda a conocer cómo permanecer en el camino correcto.

NOTAS DEL LÍDER

3. Abramos la Palabra *(20 minutos)*

Resumen del capítulo
- La segunda carta de Pedro fue escrita para advertir a los creyentes contra los falsos maestros.
- Los falsos maestros, en este caso los gnósticos, decían tener un conocimiento secreto de la fe que les había sido dado a ellos.
- El pensamiento gnóstico estaba en contra de casi todas las doctrinas cristianas cardinales.
- Responderemos las enseñanzas falsas conociendo a Cristo personalmente, apropiándonos de sus promesas y recibiendo su Espíritu.
- Los creyentes que cultivan cualidades cristianas experimentarán un crecimiento espiritual.

A. Para que sus alumnos y alumnas tengan una perspectiva general del pasaje de estudio, que alguien lea en voz alta 2 Pedro 1:1-11. Luego, que vean las dos listas que confeccionaron en el punto 2C y que respondan a las siguientes preguntas:
- ¿Cómo es que Dios provee en esta vida "todo lo que necesitamos?"
- La provisión de Dios, ¿incluye también nuestros deseos? Sí o no. ¿Por qué?

B. Muestre a sus alumnos y alumnas dos frases importantes de este pasaje: "Dios, 'nos ha dado todas las cosas que pertenecen a la vida y a la piedad' (v.3). Y Él lo hizo así para que podamos ser 'participantes de la naturaleza divina y escapar de la corrupción que hay en este mundo a causa de las pasiones' (v.4). Eso significa que es posible para los cristianos vivir sin pecado".

Luego, que sus alumnos y alumnas analicen lo siguiente:

- ¿Cuáles características de la naturaleza divina pueden ser vistas en los cristianos?
- ¿De cuáles maldades mundanas hemos escapado por ser cristianos llenos del Espíritu Santo?

C. Haga un dibujo similar al que sigue y muéstrelo a la clase mientras analizan los versículos 5-9 en base a las preguntas que están después del dibujo.

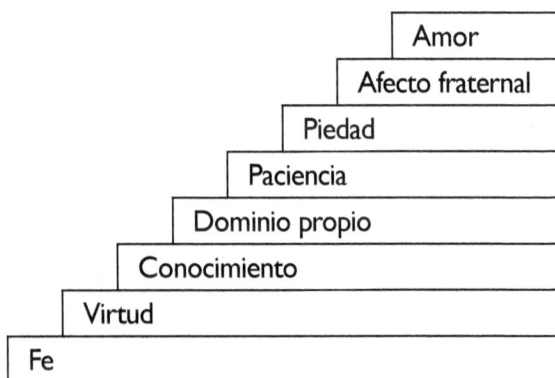

- Mencione algunas formas específicas en que los cristianos añaden cada característica a la previa y continúan "avanzando" por las etapas del crecimiento.
- ¿Cuál es la meta de este crecimiento espiritual? (v.8).
- ¿Cuál es el resultado si dejamos de crecer espiritualmente? (v.9).

- ¿Cuál es la motivación que da Pedro a los cristianos para que "procuren hacer firme su vocación y elección? (vv.10-11).

Transición: Algunas veces nuestro crecimiento espiritual es casi imperceptible, hasta que hacemos una pausa larga para reflexionar hasta dónde Dios nos ha traído.

4. Conclusión *(10 minutos)*

A. Para terminar esta clase, que sus alumnos y alumnas respondan la siguiente pregunta:

- Desde que es cristiano, ¿cómo ha crecido espiritualmente? Sea específico.

B. Para terminar la clase, anime a sus estudiantes para que canten el himno, "Las promesas de Jesús" (Himnario Gracia y Devoción, No. 321).

Para la próxima clase

En la próxima clase estudiaremos el mandamiento de Pablo, que es muy duro. Recuerde a sus estudiantes que lean el capítulo 11 del libro de estudio: "¡El tal sea entregado a Satanás!"

Capítulo 11

¡El tal sea entregado a Satanás!

Contexto bíblico: 1 Corintios 5:1-13
En esta clase: Examinaremos cómo tratar, por medio de principios bíblicos, con la mala conducta.

Prepárese

1. Tal vez sería bueno que tenga fotocopias de las dos historias que analizaremos en la sección Reflexión sobre la vida, así dará a cada estudiante una copia.

2. De la misma manera tal vez desee copiar el "resto de la historia" que se encuentra en la sección 3A, en el lado opuesto de la página, para que lo use en la Conclusión.

1. Para empezar *(5 minutos)*

A. Comience la clase pidiendo a sus alumnos y alumnas que recuerden aquellos años cuando estaban creciendo.

- ¿Cuáles eran algunas de las reglas –escritas o tácitamente entendidas- que su familia tenía que cumplir?
- ¿Cuáles eran las consecuencias que usted sufría cuando no cumplía con esas reglas?
- ¿Sentía que el castigo era justo?

B. Dé a sus alumnos y alumnas la oportunidad para que piensen cómo cambiar nuestro mundo presente.

- Si usted desearía eliminar una de las leyes actuales de la sociedad, ¿cuál sería? ¿Por qué?

Transición: No hacemos las leyes, pero tenemos que vivir cumpliéndolas. ¿Qué podemos hacer cuando otros no cumplen esas leyes?

2. Reflexión sobre la vida *(10 minutos)*

Dé a cada estudiante las siguientes historias. Después de leer cada una, pregúnteles:

- ¿Qué sugeriría para resolver esta situación? Sea específico.

El narcotraficante

Había un problema en la iglesia y ese problema tenía un nombre: Metanfetamina cristalina. En menos de un mes le pidieron al pastor de jóvenes para que hable con tres familias de la iglesia, cada familia tenía un adolescente que estaba usando la metanfetamina ilegalmente.

Eran buenos muchachos, de buenas familias. El pastor de jóvenes estaba preocupado por el hecho de que estos adolescentes tenían sólo dos cosas en común: (1) Eran adictos a la metanfetamina cristalina, y (2) ellos asistían a la iglesia. Al día siguiente cuando estaba hablando con uno de los jóvenes, confirmó uno de sus peores temores: El adolescente consiguió la droga de alguien en la iglesia. Más tarde, el otro le dijo quién le daba la droga. Los adolescentes no se conocían muy bien el uno al otro para cooperar, pero le dieron al pastor el mismo nombre de la persona que proveía la droga –un adolescente de una de las familias más respetadas de la iglesia. Al pastor de jóvenes no le cabía la menor duda que ellos estaban diciendo la verdad.

El padre violento

Había un problema en la iglesia. Una nueva familia se trasladó al pequeño pueblo y su membresía eclesiástica fue transferida de una iglesia que estaba en otro estado. Les dieron una calurosa bienvenida y ellos se involucraron en la vida de la congregación. Él fue maestro de escuela dominical. Ella colaboraba en los ministerios de compasión. Sus hijos siempre estaban presentes en todas las actividades. Ellos decían que él tenía un carácter muy violento, y que maltrataba físicamente a su familia. Los amigos notaron que ella y los hijos siempre tenían señales visibles de maltrato físico. Aún así, la familia asistía fielmente a la iglesia y continuaba enseñando la clase de escuela dominical de jóvenes adultos.

Cuando ella fue admitida al hospital con una lesión en la cabeza, ella reveló a su pastor lo siguiente. Le dijo que su esposo le había golpeado y ella temía por sus hijos. El pastor sabía que para ella fue difícil admitir lo que pasó, pero él sabía que era la verdad.

Transición: Las situaciones reales en la vida pueden llegar a ser muy complicadas. Felizmente hay principios bíblicos para aplicar.

3. Abramos la Palabra (20 minutos)

Resumen del capítulo:

- Pablo estaba objetando la actitud permisiva mostrada por los miembros de la iglesia de Corinto. Parecía que ellos no deseaban confrontar a los que estaban haciendo lo malo.
- Pablo juzgó y condenó la inmoralidad, y ordenó a los creyentes que se pongan más firmes. El apóstol dijo con toda claridad que

ese tipo de conducta inmoral no podía ser tolerado en la iglesia.

- De acuerdo al pensamiento de Pablo, estar fuera de la comunidad de creyentes, es estar en la esfera donde gobierna Satanás.
- Esta persona ya había hecho su elección, dentro de su corazón.
- Por la forma en que Pablo trató esta situación tan negativa en Corinto, surgieron algunos principios positivos: Tratamiento adecuado del problema, confidencialidad, gracia divina y redención.

A. Pida que alguien lea en voz alta 1 Corintios 5:1-13. Luego que sus alumnos y alumnas respondan las siguientes preguntas:

- ¿Por qué Pablo reaccionó en forma tan firme ante la situación dada en la iglesia en Corinto?
- ¿En qué forma podría ser bueno para él "ser entregado a Satanás"? Sea específico.
- ¿Cree que los valores morales deben ser los mismos para los que están dentro de la iglesia y para los que están fuera de ella? Sí o no. ¿Por qué?

B. Primero, comparta el siguiente material que está en el capítulo 11 del libro de estudio.

Todo el proceso para tratar con este tipo de problemas fue claramente expuesto por Jesús, y es importante para nosotros que conozcamos y sigamos los pasos que Él prescribió en Mateo 18.

Paso 1: Ve y habla con él o ella. "Por tanto, si tu hermano peca contra ti, ve y repréndele estando tú y él solos; si te oye, has ganado a tu hermano" (v.15).

Paso 2: Ve de nuevo, con otros. "Más si no te oyere, toma aún contigo a uno o dos, para que en boca de dos o tres testigos conste toda palabra" (v.16).

Paso 3: Dilo a la iglesia. "Si no los oyere a ellos, dilo a la iglesia..." (v.17).

Paso 4: Expulsa al hacedor de mal. "... y si no oyere a la iglesia, tenle por gentil y publicano" (v.17).

Luego pregunte:

• Basado en Mateo 18, ¿trataría, cualquiera de los problemas que hemos discutido anteriormente, en forma diferente? Si dice sí, ¿cómo lo haría?

Transición: Una de las responsabilidades de vivir en santidad, es aprender a solucionar situaciones difíciles. Sin duda, cada uno de nosotros tuvimos un encuentro con una persona que tiene espíritu de juicio. ¿Estamos preparados para tratar tales conflictos?

4. Conclusión *(10 minutos)*

A. Termine la clase compartiendo con sus alumnos y alumnas la siguiente información, la cual la llamaríamos "el resto de la historia".

El narcotraficante

El pastor de jóvenes tenía dos preocupaciones: (1) La drogadicción en la iglesia tenía que erradicarse. (2) Él tenía que hacer todo lo que estuviese a su alcance para ayudar al adolescente que estaba distribuyendo drogas.

Primero, el pastor se reunió con el que estaba distribuyendo droga. Él le dijo que sabía todo respecto a la metanfetamina cristalina. Al adolescente eso le tomó por sorpresa. Respondió diciendo que no había nada de malo con esa droga; que él la tomó una que otra vez para que le ayude a estudiar. El pastor le dijo que él se estaba engañando a sí mismo porque lo que estaba haciendo era muy peligroso. Cuando le dijo que el Señor podría ayudarlo y le pidió orar con él, el adolescente salió de la oficina muy enojado.

Después, el pastor de jóvenes llamó al padre del adolescente quién constantemente negaba que eso pudiera ser cierto. El pastor le dijo que su hijo necesitaba ayuda. El padre todavía dudaba, pero estuvo de acuerdo que el pastor de jóvenes se reuniera con la familia.

Cuando fue a la casa, el pastor estaba acompañado de su asistente. Comenzaron con oración. Luego, el pastor de jóvenes les dijo que su mayor deseo era ayudar al adolescente para que sea liberado de ese problema. Sin embargo, el adolescente negó todo y los padres insistieron que el pastor estaba creando un problema de la nada.

Finalmente, nombraron un comité de líderes de la iglesia para reunirse con el adolescente y sus padres. Con mucho amor le pidieron al joven que permita ser ayudado por ellos. En lugar de eso, él y sus padres se pusieron de pie para salir. El líder del comité les explicó que si ellos no estaban dispuestos a tratar con el problema del joven, debían saber que la iglesia tomaría una decisión para prevenir que el joven continúe distribuyendo droga dentro de la iglesia. La familia dejó el lugar de reunión. Después de que el comité se quedó para orar por el joven y sus padres, el pastor fue a su oficina y llamó a la policía.

El padre violento

El pastor encontró un lugar de refugio cristiano donde la esposa y sus hijos podrían quedarse cuando *salieran del hospital. Ella y los hijos recibieron consejería profesional mientras estaban en el lugar de refugio. Esa noche el pastor fue a la casa para hablar con el padre. Cuando el pastor lo confrontó, él negó todo y comenzó a tener una actitud hostil. Él insistió que el pastor le dijera dónde estaban su esposa y sus hijos. El pastor le dijo que en el momento que estuviese listo para tratar con su actitud violenta, estaría dispuesto para hablar con él.*

En los días siguientes, el pastor tuvo con el padre muchas conversaciones desagradables. Cuando el pastor y el padre tuvieron otra reunión, un miembro de la iglesia estaba allí. El pastor le dijo que no sería aconsejable que enseñara la clase de escuela dominical hasta que resuelva totalmente el problema. Por supuesto, el problema no fue resuelto ese día. El proceso de restauración tomó tiempo, oración y lágrimas. Dentro de una atmósfera de amor, el padre tomó una decisión. No era sólo admitir el problema, sino tratar con él. La buena noticia es que el padre fue redimido y también su familia.

B. Antes de terminar la clase, pida a sus alumnos y alumnas que reflexionen acerca de sus propios problemas.

- ¿Siente que alguien en la iglesia lo ha juzgado? (Por favor, no mencione nombres).
- ¿Cree que puede perdonar a esa persona? Sí o no. ¿Por qué?
- ¿Qué es lo que aprendió en esta lección que puede ayudarle a resolver su situación?
- ¿Cree que usted es muy tolerante o tiene espíritu de juicio cuando ve la conducta de otros?

- ¿Qué es lo que puede cambiar su actitud hacia otros?

Para la próxima clase

Haga recordar a sus estudiantes que lean el capítulo 12 del libro de estudio: Unidos con los incrédulos.

Capítulo 12

Unidos
con los incrédulos

Contexto bíblico: 1 Corintios 6:12-20;
2 Corintios 6:14-71
En esta clase: Aprenderemos cómo dar
testimonio de Cristo en nuestras relaciones interpersonales con los incrédulos.

Prepárese

1. Que se preparen para tener, en el punto 4B,
una lectura antifonal de los siguientes pasajes: Colosenses 3:1-3, 5, 9-10, 11-17.
2. Ore esta semana por las parejas de la clase de
escuela dominical, que están unidas matri-
monialmente "en yugo desigual", y esperamos
que esta lección sea de bendición para ellas.

1. Para empezar *(5 minutos)*

A. Para comenzar la clase, pida a sus alumnos y
alumnas que den respuestas rápidas a la siguien-
te lista de preguntas:
- ¿Quién es el amigo más chistoso que tiene?
- ¿El más rico?
- ¿El más inteligente?
- ¿El más guapo?
- ¿El que se parece a ti?

B. Luego, que algunos de sus estudiantes
respondan las siguientes preguntas:

* ¿Qué es lo más saludable que hizo en los pasados cinco años?
* ¿En qué momento de su vida pensó que usted era más saludable? ¿Por qué?

Transición: Dios nos ha creado para que seamos seres sociables, y a todos les gusta tener amigos; sin embargo, no todos los amigos creen en Cristo como nosotros. ¿Cómo escogeremos a nuestros amigos?

2. Reflexión sobre la vida *(10 minutos)*

A. Respondiendo una de las siguientes preguntas, que sus alumnos y alumnas digan cómo escogieron a sus amigos o amigas:

* ¿Quién era su mejor amigo o amiga cuando estaba en la primaria?
* ¿Quién es su mejor amigo o amiga en el vecindario o comunidad?
* ¿Quién es su mejor amigo o amiga en el trabajo?
* ¿Quién es su mejor amigo o amiga que vive por lo menos a tres horas de su casa?
* ¿Quién es su mejor amigo o amiga en la iglesia?

B. Que sus alumnos y alumnas analicen las siguientes preguntas en base a sus respuestas anteriores:

* ¿Cómo escogió a sus amigos o amigas?
* ¿Cuál es una de las características que encuentra entre sus amistades que le ayudan a definir qué es un amigo o amiga?
* ¿Cómo describe lo que es un perfecto amigo o amiga?

C. Que sus alumnos y alumnas estén preparados para estudiar el pasaje de estudio de esta lección respondiendo a las siguientes preguntas:
- ¿Cómo define la palabra "incrédulo"?
- ¿Es un obstáculo para los cristianos tener amistad con los "incrédulos"?

Transición: Si nos relacionamos con gente que no cree en Jesucristo, ¿eso nos alejará de nuestra fe? ¿O nos dará la oportunidad para que nuestros amigos lleguen a ser creyentes? Hablemos sobre esto:

3. Abramos la Palabra *(20 minutos)*

Resumen del capítulo
- Pablo vino a Corinto –una ciudad rica, pecadora y corrupta- para predicar acerca Jesucristo, quien nos llamó a una vida pura y de servicio.
- Este nuevo credo de fe llamó a romper completamente con todo lo tradicional, lo que llamaban "lo sagrado" del día, y que a veces era placentero.
- No era nada raro para los nuevos cristianos hablar de su devoción a Cristo, mientras continuaban mostrando lealtad a sus antiguos dioses. Esto no era aceptable.
- La advertencia de Pablo tiene sentido: No se unan con los incrédulos. No comprometan la integridad de su fe. Nunca olviden que ustedes serán parte del pueblo santo de Dios.

A. Que alguien lea en voz alta 1 Corintios 6:12-20. Luego pregunte:
- ¿Cómo describiría el punto de vista que tiene la sociedad de hoy sobre la sexualidad?

- En este pasaje, ¿qué dice Pablo acerca de la inmoralidad sexual?
- Para usted, ¿cuáles afirmaciones de Pablo tienen más peso? ¿Por qué?

B. Que alguien lea 2 Corintios 6:14 - 7:1. Luego pida que definan lo que es "yugo desigual". Use las siguientes preguntas para que sus estudiantes comprendan mejor el tema:

- ¿Qué tipo de relación le muestra a usted aquel que está unido con otro por un "yugo"?
- En la cultura de hoy y el mundo de los negocios, ¿es posible evitar el compañerismo con los incrédulos?
- ¿Es posible decir que las palabras de Pablo son muy legalistas? Si o no, ¿por qué?
- ¿Cómo se guarda usted contra las influencias de las amistades que no son cristianas?
- ¿Hay algún mérito en que usted se aleje completamente del mundo?
- ¿Cuáles son las razones para que la gente se una en yugo desigual?
- ¿Cuál es el consejo que usted daría a aquellas personas que ya están en compañerismo desigual, especialmente los matrimonios? (Sea sensible con las personas que están en este último grupo).

Transición: Tenemos que encontrar el "punto intermedio" entre estar "en yugo desigual", y aún ser un amigo que lleve el mensaje de redención a sus amigos incrédulos.

4. Conclusión *(10 minutos)*

A. Termine la clase compartiendo con sus alumnos y alumnas la siguiente afirmación: "Una de las preguntas más importante a las que tenemos que responder es, ¿cómo mi identidad cristiana, impacta mi vida pública?´"

Luego pida que respondan a las siguientes preguntas:

- ¿Qué conducta, actitudes o costumbres dejó usted para seguir a Cristo?
- Específicamente, ¿qué ha hecho usted para desear ser como Cristo?

B. Termine la clase leyendo antifonalmente los siguientes pasajes bíblicos: Colosenses 3:1-3,5,9-10,11-17.

Para la próxima clase

La próxima será nuestra última clase en el estudio de esta serie. Pida que sus alumnos y alumnas lean el capítulo 13 del libro de estudio: Peor que un incrédulo.

Capítulo 13

Peor que un incrédulo

Contexto bíblico: 1 Timoteo 5:3-16
En esta clase: Veremos lo que significa para nosotros los cristianos cuidar de las necesidades de nuestro prójimo.

Prepárese

1. Esté preparado para mostrar, ya sea en la pizarra o en hojas de papel, los refranes que se encuentran en el punto 1A. Tal vez usted encuentre otros "refranes antiguos" para añadir a la lista.
2. Para el punto 2C, divida la clase en cuatro grupos pequeños. Que cada grupo trabaje en un caso. Si elige esta actividad, que sus alumnos y alumnas tengan el tiempo suficiente para que compartan sus respuestas con toda la clase.
3. Pregunte a su pastor para ver en cuáles de los programas sociales de la comunidad la iglesia ya está involucrada. Este dato podría presentarlo durante la discusión en el punto 4C.

1. Para empezar *(5 minutos)*

A. Comience la lección preguntando a sus alumnos y alumnas lo siguiente:

• Cuando era pequeño, ¿alguna vez escuchó en su casa uno de estos dichos?

- "Quien no malgasta, no pasa necesidades"
- "Comamos y bebamos que mañana moriremos"
- "Cría fama y échate a dormir"
- "A los tontos no les dura el dinero"
- "Cuando hay hambre, no hay pan duro"
- ¿Cuál es el significado de estos dichos populares?

B. Pregunte a sus alumnos y alumnas:
- ¿Tenían sus padres un refrán que lo repetían constantemente, cuyo mensaje era prepararse para cuando uno sea anciano? ¿Cuál era y qué es lo que ellos querían decir con ese refrán?

Transición: Estar en necesidad no es una situación que todos la buscamos. Sin embargo, tenemos que ver cómo responder cuando otros necesitan ayuda.

2. Reflexión sobre la vida *(10 minutos)*

A. Para ver lo que la clase piensa respecto al cuidado de los ancianos o parientes enfermos, que respondan las siguientes preguntas:
- ¿En qué forma el cuidado al prójimo es difícil?
- ¿En qué forma el cuidado al prójimo da satisfacciones?
- ¿Por qué algunas personas se niegan a cuidar del prójimo?
- En nuestra sociedad actual, ¿de quién es la responsabilidad de cuidar por aquellos que no tienen recursos económicos?

B. En base a las siguientes preguntas, ayude a sus alumnos y alumnas a pensar en las necesidades en general:

- ¿Qué tipo de necesidades emocionales y de relaciones interpersonales tienen la mayoría de las personas?
- ¿Qué significa satisfacer adecuadamente las necesidades de las personas?

C. Tengan un tiempo de diálogo para analizar cada uno de los siguientes casos:

1. Su hermana se está divorciando. No tiene trabajo y quiere vivir cerca de usted porque no ve razón alguna de permanecer donde actualmente vive. Ella le pide permiso para vivir con usted mientras se traslada y consigue trabajo.

- ¿Cuál es su responsabilidad ante esa situación?
- ¿Qué es lo que hará usted?

2. Su hermano mayor tiene la fama de cambiar de trabajo cada seis u ocho meses. Usted llegó a la conclusión que la razón de los cambios de trabajo de su hermano es porque él siente que está a punto de ser despedido. Ha estado sin trabajo por seis semanas. Él quiere que usted le preste dinero para pagar la reparación de su auto.

- ¿Cuál es su responsabilidad ante esa situación?
- ¿Qué es lo que hará usted?

3. A su madre le faltan cinco años para jubilarse de la empresa donde trabajó por 18 años. Le dijeron que su puesto de trabajo fue eliminado y la despedirán. Ella sabe que tan pronto llegue a la edad de jubilación, tendrá los recursos necesarios para vivir; sin embargo, todavía no puede hacer uso de ese dinero. Ella sabe que tiene que buscar otro trabajo, pero le preocupa que no encuentre un trabajo que vaya de acuerdo a su experiencia.

- ¿Cuál es su responsabilidad ante esa situación?
- ¿Qué es lo que hará usted?

4. No es aconsejable que su abuela viva sola porque la salud de ella se está debilitando. Aunque es autosuficiente y mentalmente alerta, sus pies ya no están tan firmes como antes. Aunque su abuela no necesita ayuda financiera, a su familia le preocupa que ella viva sola.

- ¿Cuál es su responsabilidad ante esa situación?
- ¿Qué es lo que hará usted?

Transición: ¿No sería más bonito que la vida fuera más fácil? Tal vez hemos pensado en eso, pero todos sabemos que la vida no es fácil –especialmente para aquellos que tienen que depender de otros para vivir. Veamos como la Biblia nos enseña a ayudar a los necesitados.

3. Abramos la Palabra *(20 minutos)*

Resumen del capítulo

- Casi al terminar su ministerio, Pablo dio a Timoteo, quién estaba comenzando su ministerio pastoral, algunas instrucciones especiales.
- Timoteo y los cristianos con quienes vivía tenían que creer en la verdad y vivir en justicia.
- Timoteo y sus amigos tenían que vivir de tal manera que la conducta de ellos no sea una

excusa para que los incrédulos no sigan a Cristo.

- El consejo de Pablo a Timoteo en relación al cuidado de las viudas, nos hace recordar que nuestra fe en Cristo nos llama para que cuidemos del enfermo, del pobre y del que está marginado por la sociedad.

A. Que alguien lea en voz alta 1 Timoteo 5:3-16. Luego pregunte:

- El ministerio de compasión, por ejemplo el cuidado de la viudas, ¿cómo muestra el amor y misericordia de Dios? (vv.3-4).
- La reputación y conducta de las viudas, ¿cómo contribuyen a la forma en que los incrédulos ven a los cristianos? (vv.5-6).

B. Que sus alumnos y alumnas discutan cómo afecta el testimonio de una persona cristiana si, él o ella, no acepta su responsabilidad social. Use las siguientes preguntas:

- ¿Cómo afecta a la comunidad cristiana si uno que es cristiano no sigue sus obligaciones sociales?
- ¿Cuáles son las responsabilidades que demanda nuestra sociedad del necesitado?
- Si los miembros de la familia cristiana descuidan estas responsabilidades, ¿ellos están dando un testimonio equivocado de la fe cristiana? ¿Cómo?
- El testimonio de los cristianos, ¿en qué forma debe ser consistente con el mensaje del amor de Dios?
- Cuando los cristianos cuidan al débil, al pobre y a quien nadie quiere ayudar, expresan el amor y misericordia de Dios. ¿Cómo es

que al descuidar de esta responsabilidad, uno niega la fe en Dios?

Transición: Ser compasivo, como lo fue Jesucristo, nos ayuda a vivir de acuerdo a la voluntad de Dios. Veamos algunas formas para poner en práctica nuestros sentimientos de compasión.

4. Conclusión *(10 minutos)*

A. Para terminar la clase, pida que sus alumnos y alumnas respondan brevemente las siguientes preguntas:

- ¿Cómo hará para sobrevivir una vez que usted no pueda ganar para vivir?
- Suponiendo que el gobierno ya no dé pensiones a los jubilados, seguro social y seguro médico, ¿cómo vivirá una vez que usted ya no tenga o pueda trabajar?

B. Que sus alumnos y alumnas piensen en sus propias situaciones:

- En este momento, ¿quiénes dependen de usted para el cuidado de sus necesidades?
- ¿Quién es la persona que en alguna forma a cuidado de usted durante el curso de su vida?

C. Ahora ayude a sus alumnos y alumnas para que vean cómo pueden impactar la vida de los que les rodean:

- ¿Quién es una persona "necesitada" en nuestra comunidad? ¿En nuestra congregación?
- ¿Qué significa cuidar responsablemente por estas personas necesitadas?
- ¿Qué tipo de necesidades emocionales y de relaciones tienen éstas personas?

- ¿Cómo nuestra iglesia suplirá intencionalmente este tipo de necesidades?
- ¿Cómo pueden nuestros esfuerzos ministeriales, comparado con la forma en que actuó la iglesia de Timoteo, suplir las necesidades económicas de las viudas?

D. Como esta es la última lección de la serie, que sus alumnos y alumnas recuerden todo lo aprendido y que respondan la siguiente pregunta:
- ¿Qué es lo que más recuerda de lo que aprendió durante el estudio de esta serie acerca de las palabras difíciles de la Biblia?

Luego, termine la clase en oración dando gracias a Dios por las nuevas enseñanzas que sus estudiantes aprendieron durante el estudio de esta serie. Pida a Dios para que les ayude a poner en práctica lo aprendido, y que todo sea para la gloria de Él.

www.ingramcontent.com/pod-product-compliance
Lightning Source LLC
Chambersburg PA
CBHW071831020426
42331CB00007B/1686